FRANCISCO GOMES DE MATOS

CriAtividade
no Ensino de Inglês

A resourcebook

© 2004 Francisco Gomes de Matos

Coordenação editorial
Paulo Nascimento Verano

Preparação
José Roberto Miney

Capa e projeto gráfico
Paula Astiz

Editoração eletrônica
Melissa Yukie Kawaoku / Paula Astiz Design

Dados Internacionais de Catalogação na Publicação (CIP)
(Câmara Brasileira do Livro, SP, Brasil)

Matos, Francisco Gomes de
    Criatividade no ensino de inglês : a resourcebook / Francisco Gomes de Matos – 1. ed. – São Paulo : Disal, 2004.

    Bibliografia.
    ISBN 85-89533-19-0

    1. Criatividade (Educação) 2. Inglês – Estudo e ensino I. Título.

04-7117   CDD-420.7
                Índices para catálogo sistemático:

    1. Inglês : Estudo e ensino 420.7

Todos os direitos reservados em nome de: Bantim, Canato e Guazzelli Editora Ltda.

Rua Major Sertório, 771, cj. 1, Vila Buarque
01222-001, São Paulo, SP
Tel./Fax: (11) 3237-0070

Visite nosso site: www.disaleditora.com.br

Fax gratuito: 0800 7707 105/106
E-mail para pedidos: comercialdisal@disal.com.br

Nenhuma parte desta publicação pode ser reproduzida, arquivada nem transmitida de nenhuma forma ou meio sem permissão expressa e escrita da Editora.

To my wife Helen
Para minha esposa Helen

To Antonieta Celani	A Antonieta Celani
in deepest appreciation	com profunda gratidão
for so kindly contributing	por tão generosamente
an introductory creation	criar a Apresentação
To David Crystal	A David Crystal
his words are very wise	por sua epígrafe magistral
by using English creatively	usando-se o inglês criativamente
teachers and learners can thrive	o sucesso vem natural
To Eunice Alencar	A Eunice Alencar
in Brazil a pioneer	nossa pesquisadora pioneira
in helping push forward	que incentiva a encontrar
creativity's new frontier	criativa nova fronteira
To Ronald Carter	A Ronald Carter
I very much thank	sinceros agradecimentos
his insightful epigraph	sua epígrafe inspiradora
is worth a Think Tank	vale um Banco de Talentos
To Sidney Parnes	A Sidney Parnes
so humanizing to me	por sua humana visão
creativity as positiveness	para ele a criatividade
he urges us to see	é uma positivAÇÃO
To Andrei Aleinikov	A Andrei Aleinikov
for his compelling description	por sua instigante descrição
of second language learning	da aprendizagem de segunda língua
as individual acts of creation	como individualíssima criação
To authors and publishers quoted	A autores e editoras citados
I express my appreciation	eis meu reconhecimento
in the two languages	feito nas duas línguas
which translate my intention	que traduzem meu pensamento

Teaching English creatively involves extending our familiar 3-D linguistic world – the world where rules vary in time, place, and society – into an intriguing fourth dimension, where rules are manipulated to communicate new meanings and convey fresh effects. In the creative dimension, students learn not to be bound by rules but to become their master. For both teachers and students, it is boldly going where they have never been before. But the journey is worthwhile, for the creative perspective increases linguistic awareness, promotes user confidence, and instils a sense of ownership in a language.

Ensinar inglês criativamente inclui saber fazer com que nosso habitual mundo lingüístico tridimensional – o mundo de regras que variam no tempo, no lugar e na sociedade – alcance uma desafiadora quarta dimensão, em que as regras são manuseadas para se comunicar novos significados e se provocar efeitos inusuais. Nessa dimensão criativa, os alunos, em vez de submetidos a regras, passam a dominá-las. Para professores e alunos, isto significa ousar conhecer um território até então inexplorado e fazer uma jornada recompensadora, pois a visão criativa aguça a percepção lingüística, promove a autoconfiança dos usuários e lhes nutre o sentimento de que não só partilham, mas possuem aquele idioma.

DAVID CRYSTAL

Honorary Professor of Linguistics at the University of Wales, Bangor, UK.
His recent books include *The Language Revolution* and *The Stories of English*.

Learning how to bend and break rules helps us to understand how meanings depend both on rules and on going beyond rules. Creative uses of language provide us with new insights into the world, into each other and into what and how we mean to each other; it involves us both in making relationships and in conveying ideas. Using language creatively empowers the user and the learner; it shows us as not just users but as makers of the language.

Aprender a flexibilizar e a transgredir regras contribui para a compreensão de como nossos significados dependem tanto da observância como da inobservância dessas regras. Os usos criativos da linguagem possibilitam novos discernimentos sobre o mundo, sobre cada pessoa e a respeito do quê e como nos comunicamos. A criatividade lingüística contribui para nos relacionarmos e transmitirmos nossas idéias. Usar línguas criativamente confere poder a usuários e a aprendizes e mostra que somos não apenas usuários, mas criadores do idioma.

PROFESSOR RONALD CARTER

Professor of Modern English Language at the University of Nottingham, UK.
He is the author and editor of over forty books on English language and literature, applied linguistics and English language education.

Creativity is critical in one's life because understanding it enables one to understand the infinite potential he/she has to be creative and innovative in approaching or responding to anything in life . To see the opportunities or possibilities in anything one faces. Translating negatives into positives by discovering the opportunities in even the most negative situations and then taking constructive action on them.

A criatividade é decisiva em nossa vida: compreendê-la possibilita entender a potencialidade infinita que cada pessoa tem de ser criativa e inovadora ao lidar com qualquer coisa na vida. Significa ver as oportunidades ou possibilidades em qualquer coisa com que nos deparamos. É saber traduzir negatividade em positividade, descobrindo oportunidades mesmo nas situações mais negativas e agindo construtivamente para resolvê-las.

SIDNEY J. PARNES

Co-founder of Creative Problem-Solving Institute, Lifetime Trustee of the Creative Education Foundation and Professor Emeritus and Founding Director of the International Center for Studies in Creativity.

Criatividade é o recurso mais precioso para lidar com os desafios e possibilidades presentes em nossa vida pessoal e profissional. Constitui-se ainda em uma excelente via para o bem-estar emocional. Entretanto, a criatividade é como uma plantinha delicada, que necessita ser permanentemente regada para alcançar a sua plenitude. Cabe a cada um de nós promover o seu florescimento, compartilhando idéias, respeitando as diferenças, valorizando a singularidade, reconhecendo as potencialidades e oportunizando a produção e fertilização de idéias.

Creativity is the most valuable resource we have for coping with challenges and possibilities in our everyday personal and professional life. It is also an excellent way toward emotional well-being, but it is like a little plant that needs constant nurturing to grow fully. Therefore, it is everyone's responsibility to enhance the blooming of creativity by sharing ideas, respecting differences, valuing individual uniqueness, acknowledging potentialities and helping bring about the creation and fertilization of ideas.

EUNICE ALENCAR

Professora do Programa de Mestrado em Educação da Universidade Católica de Brasília. Autora de 14 livros, dentre os quais *Criatividade e Educação de Superdotados*, *A Gerência da Criatividade* e *O Processo da Criatividade: Produção de Idéias e Técnicas Criativas*. Participa do conselho editorial de revistas especializadas dos Estados Unidos, Inglaterra, Portugal, Espanha e Brasil.

First of all, a second language learner is actually creating ANOTHER PERSONALITY inside oneself. This personality has some other name (pronounced differently), speaks a different language, reads some other books, listens to some other TV and radio stations, visits other countries, communicates with other language speakers, and finally often stays to live in these formerly foreign places to create a new family, a new way of life. That is how a CREATED second language personality takes over the first language personality. Creativity, creativity, creativity!

Moreover, second language users are often more creative than the first language users because when they forget words and phrases, they have to find the way out and to express their thoughts with the vocabulary and grammatical structures available at hand. Just as poor people demonstrate amazing creativity and inventiveness to survive and to exist, second language speakers do the same in the sphere of communicational existence.

What is interesting, sometimes they look more creative because they are LESS bound by the so called speaking norms (because they follow the other norms). So they can unexpectedly, and often with great humorous effect (certainly a sign of creativity), use a phrase or a word from the other layer, be it professiolect (like jargon, or professional peptalk), sociolect (like slang or cockney), dialect (regional variation like ebonics), or even idiolect (personal, individual sub-language).

With all said above it becomes absolutely clear that, above and over their first language creativity (we speak and that is why we are creative because we take the known elements of the language and CREATE a new message that solves this particular problem at this unique time), second language users do have additional creativity. Consequently, teaching second language creatively as well as teaching creativity to second language learners is a must.

God created us in the divine image, and he is certainly a Creator, then we - people - are creators too and, therefore, the second language user JUST MUST BE CREATIVE!

Uma pessoa, ao aprender uma segunda língua, está criando OUTRA PERSONALIDADE, que tem outro nome (pronunciado de maneira diferente), lê outros livros, assiste outras estações de televisão e de rádio, comunica-se com outros falantes e, muitas vezes, passa a residir em lugares antes considerados estrangeiros, ali constituindo uma nova família, uma nova maneira de viver. É assim que uma personalidade CRIADA em uma segunda assume o lugar da personalidade na primeira língua. Criatividade, criatividade, criatividade!

Além disso, os usuários de uma segunda língua são muitas vezes mais criativos do que usuários de uma primeira língua, porque ao esquecerem palavras e expressões, são desafiados a encontrar uma solução e a expressar seus pensamentos com o vocabulário e estruturas gramaticais de que dispõem. Do mesmo modo que os pobres demonstram uma capacidade criativa e uma inventividade impressionante para poder sobreviver e existir, os falantes de segunda língua fazem o mesmo em sua vida comunicativa.

Outro aspecto interessante: às vezes, esses aprendizes parecem ser mais criativos porque estão MENOS sujeitos às normas de expressão oral e pautam sua interação com base em outras normas de uso. Assim, inesperadamente, essas pessoas conseguem, muitas vezes, criar grandes efeitos humorísticos – evidência clara de sua criatividade – e usar uma expressão ou uma palavra de outra dimensão, seja profissional (como terminologia ou linguagem persuasiva do tipo auto-ajuda), social (gíria ou uma variedade partilhada por algum grupo), geográfica (variedades regionais, por exemplo, a dos negros americanos) ou mesmo individual (pessoal, idiossincrática).

À luz do exposto, deve ficar bem claro que, além da criatividade no uso da primeira língua (falamos e somos criativos ao fazê-lo, porque nos servimos dos elementos linguísticos conhecidos para CRIAR uma nova mensagem que resolve um determinado problema, naquele momento singular), os usuários de uma segunda língua possuem uma criatividade adicional. A consequência disso tudo é que ensinar uma segunda língua criativamente e ensinar criatividade a aprendizes de uma segunda língua é indispensável.

Finalmente, diria que, se Deus nos criou à sua imagem divina – Ele é, sem dúvida, Criador, logo, nós também somos criadores. Por isso, a pessoa usuária de uma segunda língua simplesmente TEM QUE SER CRIATIVA!

Dr. Andrei G. Aleinikov

Woodrow Wilson Visiting Fellow, Guinness World Record Holder, father of Creative Linguistics and Novology, founder of Genius Education Methodology, and the author of over 100 works published in 12 countries, including the latest best seller *MegaCreativity: Five Steps to Thinking Like a Genius*.

Apresentação

CriAtividade no Ensino de Inglês não é apenas um **resource book**, como diz seu subtítulo. É muito mais. Além de um simples recurso no planejamento de atividades para o dia-a-dia da sala de aula, pode ser útil auxiliar em um programa de capacitação docente, pela gama de reflexões que suscita a respeito de várias questões. Algumas são de ordem mais prática, tais como diferentes possibilidades de se olhar a linguagem para fins didáticos; variedades de recursos no ensino-aprendizagem de línguas, em geral, e do inglês, em particular. Outras questões, no entanto, podem nos levar a reflexões de ordem mais teórica, tais como a importância do partilhado no ensino-aprendizagem; a criatividade gerativa na linguagem; a relação entre a criatividade e o erro; a candente questão atual do papel do falante não-nativo na sua aprendizagem de outra língua e seu direito a inventar termos; o ponto de ruptura entre o erro do não-nativo e a criatividade permitida ao nativo.

Mas, deixemos as questões teóricas de lado, neste momento, para poder ressaltar o significado deste livro para o professor de Inglês, a quem se destina, o atarefado professor de Inglês que busca inspiração em algo de concreto que irá ajudá-lo a tornar sua aula mais significativa e mais criativa. Nestas vinte **CriAtividades** encontrará certamente muito mais do que recursos; encontrará um verdadeiro curso, nos melhores moldes da atual teoria de ensino-aprendizagem de língua estrangeira. A mistura discreta de Inglês e Português introduz o professor ao léxico especializado, bem como a aquela linguagem corrente de sala de aula, nem sempre disponível a todos. Ao mesmo tempo que sugere **CriAtividades** para a sala de aula, está também fornecendo insumo para o desenvolvimento da língua do próprio professor.

De forma interativa e em tom conversacional, a colaboração do leitor é solicitada a todo momento e este sente-se envolvido nas questões propostas em cada atividade. Logo no início, somos levados a conhecer o mundo do autor, que é nosso parceiro, na tarefa de pensarmos o ensino do Inglês. Pede e envolve a colaboração do leitor-professor. E, assim, informalmente, são introduzidos conceitos tais como **literacia, numeracia, oralidade** (**CriAtividade 2**), inúmeras informações bibliográficas e sugestões práticas, por exemplo, para o uso do dicionário (**CriAtividades 2, 10**) e para o ensino de aspectos gramaticais (**CriAtividade 14**). Chamo a atenção, particularmente, para as unidades que tratam do ensino criativo da gramática, fonte riquíssima de idéias para tornar palpável, e com significado, o ensino de um aspecto da língua que pode ser um mito para o professor e um monstro a perseguir o aluno. Mas, com as atividades aqui propostas, que, por certo, sugerirão outras ao professor criativo, pode se dar o milagre da desmistificação do papel da gramática na aprendizagem de línguas, e principalmente, da maneira como ensiná-la.

Mas o autor não se limita a aspectos apenas lingüísticos; usa também a criatividade para a educação. Há várias unidades relativas à formação integral dos alunos, questões de cidadania (**CriAtividade 18**), de aprender para a paz e para o bem da humanidade (**CriAtividade 11**), questões de direitos lingüísticos (**CriAtividade 20**). Este fato não surpreende, de vez que o autor está há mais de duas décadas envolvido com questões relativas ao ensino-aprendizagem de línguas para a paz e com a garantia dos direitos lingüísticos dos povos e dos aprendizes.

Aspecto que torna este livro particularmente relevante para o professor é a variedade de alternativas que oferece, nunca em tom professoral, mas sempre tendo o leitor como um interlocutor respeitado. E para essa variedade de alternativas faz uso do conhecimento de mundo do usuário: provérbios, palavras cruzadas, enigmas, rimas, partilhando maneiras criativas de usar a língua inglesa. Com isso, situa a aprendizagem na experiência de vida do aprendiz, dando-lhe o significado indispensável para que ocorra. Isso possibilitará termos o aprendiz de línguas e seu professor como cientistas investigadores, chegando a um produto observável de criação.

Como proposta educacional, leva ao desenvolvimento da capacidade de crítica e de contestação (**CriAtividades 13, 18**). Pode se constituir como a realização de um currículo dinâmico, para classes heterogêneas, de interesses variados e com conhecimentos prévios diversos, nas quais os alunos – e, também, por que não, o professor – poderão desenvolver seu potencial criativo, realizando um currículo que facilita trocas de conhecimentos e habilidades, na busca da solução de uma tarefa comum. Ambiente fértil para o desenvolvimento da cultura do respeito, solidariedade e cooperação com o outro, que é o objetivo da educação para a paz.

Maria Antonieta Alba Celani
Professora Emérita da Pontifícia Univesidade Católica de São Paulo

Sumário

CriAtivando:	uma conversa inicial	21
CriAtividade 1 •	Criative seu Word Bank e o de seus alunos	25
CriAtividade 2 •	Tri-rimando	27
CriAtividade 3 •	Construindo como César: Trel(i)ando	30
CriAtividade 4 •	Recombinar é combinar criativamente	33
CriAtividade 5 •	Criar títulos de filmes: um desafio divertido	36
CriAtividade 6 •	Conversar? Coisas também podem	40
CriAtividade 7 •	Conversando com profissionais da saúde: o que (não) diríamos em Inglês?	44
CriAtividade 8 •	Proverbializando: criando sabedoria em Inglês	48
CriAtividade 9 •	Brincando de jornalista: headlines	53
CriAtividade 10 •	Conversando CRIativamente	56
CriAtividade 11 •	Positivando seu vocabulário	61
CriAtividade 12 •	Extraindo palavras de words	66
CriAtividade 13 •	Brincando de publicitário(a): criação de anúncios	69
CriAtividade 14 •	Conjugar verbos, ludocriativamente	72
CriAtividade 15 •	Binomializando ou brincando com binomial phrases	77
CriAtividade 16 •	Palavracruzando: fazendo palavras cruzadas	81
CriAtividade 17 •	Acrosticando além do tradicional	87
CriAtividade 18 •	Mudando o mundo... dos avisos e sinais	92
CriAtividade 19 •	Pesquisando usos criativos do Inglês de seus alunos	99
CriAtividade 20 •	Aplicando Direitos Humanos em sala de aula	105
Referências Bibliográficas		109

Cr₁Ativando:
Uma conversa inicial

Colega, professor(a) de Inglês,

O primeiro desafio comunicativo para o autor deste livro foi o título: como redigi-lo de maneira **clara e concisa**. Assim, optei por ser razoavelmente informativo e responder a duas perguntas:

- **O quê?** Criatividade.
- **Onde?** No ensino de Inglês.

Poderia ter indagado também:

- **Para quem?** Para usuários de Português...

Preferi contudo aplicar um princípio da área de Estudos Tradutórios: **Deixe implícito o que pode ficar...**

A essa altura, você pode estar querendo saber um pouco da gênese do volume, por isso, eis um pouco da história deste professor de Inglês, do meu despertar para o ensinar-aprender línguas como um processo eminentemente criativo.

Primeiro, recordaria minha experiência de aprendizagem de Inglês (como uma quase segunda língua, pois vivenciada na pré-adolescência no Recife): a expressão **learning by listening** se aplica muito bem ao meu caso, pois a partir de 1942, nas ruas do centro de Recife, fui exposto à variedade americana do Inglês, falada por pessoal militar estadunidense. Eles tinham construído uma base aérea na cidade e em Natal, em plena Segunda Guerra Mundial, quando o verbo **globalize** já engatinhava no Inglês (surge em 1940).

Graças a essa imersão, pude construir uma sólida base de compreensão e, em seguida, comecei a desenvolver minha produção oral, com a cara e a coragem (ou, em linguagem técnica atual: **cognição** e **criação**). Na época, além de muito ouvir Inglês conversacional, ao vivo, escutava transmissões da **Voice of America** e da **BBC**, ia muito ao cinema (às vezes via um filme duas vezes, para captar melhor os diálogos no original) e, de vez em quando, lia revistas em quadrinhos em Inglês.

Lembro-me também do papel estratégico, motivador, que a música exerceu em meu aprendizado: ouvia os **hits** da época e me desafiava a tirar as letras em Inglês.

Em suma, recorri a várias **learning strategies**, buscando tirar o maior proveito do mundo audiovisual de então. Primeiro fui **listener**: muitíssimo aprendi escutando, ou, para usar um verbo atual, processando... Em seguida, virei **speaker** (falante) e **reader**. Só mais tarde, ao iniciar meu curso de Letras Anglo-Germânicas, ativaria meu papel de **writer**, ou produtor textual.

Às minhas quatro **skills** – **listening, speaking, reading**, and **writing** – seguiu-se a de **viewing**: comecei minha experiência de viewer a partir de setembro de 1955, durante a primeira viagem aos **States** como bolsista do International Teacher Education Program, na **University of Michigan**.

Claro que, nesta era do computador, da **Internet**, do **e-mail**, venho continuando minha aprendizagem de Inglês, com mais intensidade e profundidade, graças a uma crença muito firme no princípio de que **a principal função da mente é CRIAR** (para o bem), como você irá perceber nesta caminhada textual.

No caso do ensinar-aprender línguas, trata-se de um **co-criar**, pois professor(a) e aluno(a) atuam cooperativamente. Por falar em parceria, gostaria de convidar você para partilhar as experiências e os desafios apresentados no decorrer deste livro, num espírito de **creative change**, de mudança criativa, numa compreensão de que **ensinar Inglês criativamente** requer mudanças em nossa maneira de ajudar os alunos, a fim de que eles aprendam a usar esse idioma da maneira mais criativa possível.

To make a long story short, façamos uma **criativAÇÃO** de mentes e compartilhemos a convicção de que **todo(a) professor(a) é muito mais criativo(a) do que imagina**.

Percebeu como brinquei de **language mixing**? Misturar Português e Inglês é uma das muitas estratégias da aprendizagem criativa, que podem contribuir para tornar o ensino-aprendizagem uma experiência **produtiva e prazerosa**, ou, na linguagem da Criatividade: **cri**ativa, **re**criativa e **re**creativa.

Tendo começado nossa primeira conversa em Português, exerço o direito lingüístico de fechar em Inglês, falando sobre minha experiência docente:

I started as a private teacher (had private students), then taught at a public high school, a private school, an English Language Course, a local Binational Center, at the English Language Institute – University of Michigan (had Vietnamese students), and at the Federal University of Pernambuco (I helped Geology students read texts, so I was engaged in **ESP**, English for Special Purposes).

Now, I am a teacher-educator and an applied linguist and keep interacting with teachers of English.

See you in Chapter One, I mean, Criatividade 1.

Francisco Gomes de Matos

CriAtividade 1

Criative seu Word Bank e o de seus alunos

Como disse na Conversa Inicial, você, professor(a), é muito mais criativo(a) do que imagina. Em Português, em Inglês e em outras línguas que você esteja ensinando ou aprendendo... Em Português? Veja o título deste capítulo: duas palavras embutidas numa só. Como fazer isso em Inglês? **Cre a(c)tivity**. Em Inglês escrito, temos **creativity** e **activity**.

Criar palavras em Inglês – ou em qualquer idioma que você conheça – é uma das maravilhas cognitivas que sua mente sabe fazer. Inspirado(a) no exemplo acima e nos seguintes, desafie sua turma a:

Create two meanings in one form.
Aqui está outro exemplo:
Medi(t)ation = mediation e meditation.

Que tal brincar com as palavras abaixo, fazendo criativ**acréscimos**? Em alguns casos, suas criações poderão ser palavras já dicionarizadas em Inglês. **For instance**, **word** seria ampliada assim: **wor**l**d** ou **s**word (se a turma não souber a pronúncia, forneça). Pode haver uma pequena mudança na grafia. Essa cri**ATIVIDADE** se dá falando e escrevendo.

Um **reminder**: para que as palavras criadas tenham vida, desafie os alunos a usá-las em um determinado contexto, preferivelmente em **funny sentences**, pois **recr( )ar** pode ser lido duplamente: **recriar** ou **recrear**, **right**?

Lista para **two in one** (solução em parênteses, **just in case**):

> 1. can (**s**can) 2. cool (**s**ch**o**ol) 3. core (**s**core)
> 4. cream (**s**cream) 5. peak (**s**peak) 6. end (**s**end) 7. oil (**s**oil)
> 8. ad (**s**ad) 9. elf (**s**elf) 10. ax (**s**ax) 11. ox (**b**ox) 12. take (**s**teak)
> 13. tone (**s**tone) 14. treat (**s**treet) 15. mall (**s**mall)

Que palavras escolher, dentre as do exemplo acima? **It's up to you**. Claro, dependerá da criativ(a)**idade** de seus alunos, do conhecimento que eles têm de Inglês, etc. Assim, a palavra **mall** (= shopping center, palavra criada em 1935), **poderia ser trabalhada em classe**, para que eles aprendam a dizer não apenas **Let's go to the shopping center**, mas também **Let's go to the mall**...

Está achando a **cre a(c)tivity** acima fácil demais para seus **advanced students**?

Crie frases engraçadas, para que os alunos acrescentem algo a algumas palavras, para fazer sentido. **By the way**, em Inglês, a gente pode **make sense**, **no sense**, ou, se você for **funny**, **make nonsense**.

Alguns exemplos desse tipo de frase (parafraseando Hamlet):

1. To ( )ee or not to ( )ee. **(to bee or not to bee)**
2. To ( )ate or not to ( )ate... **(to date or not to date)**
3. Too ( ) ate or not too ( ) ate. **(too late or not too late)**
4. Too ( )atty or not too ( )atty. **(too chatty or not too chatty)**
5. Too ( )ired or two ( )ired. **(Too tired or two tired)**. Veja o trocadilho **(pun)** nesse exemplo...

Para sua turma ser mais criativa, você precisa desafiá-la constantemente. No **wordplay** acima, você poderia propor criações ampliadas, do tipo:

1. To care or not to care. Ampliando, temos: To **s**care or not to **s**care.
2. To ring or not to ring. Frase ampliada: To **b**ring or not to **b**ring.

É isso aí, ou, como dizem alguns **TV serials: to be continued**...

CRiAtiVidade 2

Tri-rimando

Criar, lingüisticamente, é saber rimar, ou, falando de um jeito **funny**, c**RIMAR**. Por isso, neste segundo convívio prático, vamos desafiar sua capacidade e a de seus **CRIAtivALUNOS**. Desta vez, a **numeracia** vai ajudar (a palavra existe, sim. Em Inglês: **numeracy**... O que significa? Segundo *The Literacy Dictionary* (Theodore L. Harris & Richard E. Hodges, eds., International Reading Association, 1995, p.168), **numeracia** vem a ser fluência em operações matemáticas). Aliás, ao lado de **literacia** (letramento, para a quase totalidade dos brasileiros: nesse caso, acompanho os portugueses), há também **oracy**. Como traduzi-la? Oralidade, ou, se adotarmos uma estratégia literal, oracia... Mas, vamos direto ao assunto, ou, em Inglês conversacional: **Let's get to the point**...

Três números a navegar a uma rima vão chegar. Muitas das frasezinhas com a rima final têm importância estratégica no Inglês falado informal: são **fixed phrases**, que dão um tempero gostoso à conversa.

Ready? Start! (Incluí umas soluções, como um **extra bonus**... **absolutely free**, para lembrar a linguagem publicitária...)

One, two, three...   Follow me
                                          Can you see?
                                          Come with me
                                          Who, me?
                                          Well, you see...
                                          Let me see...
                                          A cup of tea?
                                          Yes, sirree (or siree)
                                          Come and see...

Two, three, four...   Open the door
                                          Sit on the floor

2

	Say no to war
	What a bore!
Three, four, five…	You will thrive!
	Ready to dive?
	The show's live
	I'm alive!
	Dead or alive?
Four, five, six…	Pick up sticks
	No new tricks?
	Any ice picks?
Six, seven, eight…	That's great!
	Am I late?
	Open the gate!
	Can you wait?
	Where's the bait?
Seven, eight, nine…	That's fine!
	Is that mine?
	Some more wine?
	Dance and dine?
Eight, nine, ten…	Tell me when
	What… then?
	Where's Ben?
	The Big Ben…
Ten, eleven, twelve…	Time to delve
	What to shelve?
Eleven, twelve, thirteen…	What do you mean?
	I'm a teen
	I love green
	How've you been (em Inglês britânico:

been rima com **bean**; no Inglês americano, **been** rima com **bin**)
You're so keen!
It's so clean
What have you seen?
That's what I mean
Know what I mean?
The meat's lean...

Onde encontrar dados inspiradores para esta cri**atividade**? Faça um **search** na Internet: pesquise **rhymes** e **dictionary of rhymes**.

Viu como rimar pode ajudar a cri**associar** sons? O desafio acima, em Inglês, pode ser resumido assim: **seek similar sounds**... Sabe o nome dessa estratégia, tão usada por poetas? Aliteração. Para mim:

Treli – Tríplice repetição de letra inicial...

mas isso é um **commercial**... do que vem por aí... **See you**, ou, mais informalmente: See ya.

CriAtividade 3

Construindo como César: Trel(i)ando

Como disse no convívio anterior, agora podemos ver o que acontece quando usuários de Inglês como língua estrangeira criam suas aliterações, isto é, brincam com a técnica que chamo de **Treli** (tríplice repetição de uma letra inicial numa mensagem) e, em Inglês, de **Thril** (threefold repetition of a word-initial letter).

Venho desafiando muita gente, principalmente professores de Inglês, a seguir a frase famosa de Júlio César:

Veni, vidi, vici (em Português: **Vim, vi (e) venci**; em Inglês: **I came, I saw, I conquered** (não houve aliteração plena, nesse caso...).

Essa citação tem três qualidades comunicativas: clareza, coerência e concisão, o que a tornou memorável... mas e o valor moral, ético da mensagem? Quando proponho esse tipo de cri**atividade**, acrescento outro desafio: que a mensagem resultante tenha **profundidade**. A frase de César é simples, mas não é profunda, por isso sugiro que, ao desafiar seus alunos, diga algo assim:

Sejam profundamente simples ou **simplesmente profundos**. Em Inglês, tipo **headline: Simple and Deep**.

A técnica **Treli** pode ser aplicada sob diversas formas, correspondentes a distintos graus de desafio cognitivo. Assim, mais provocados estarão sendo seus alunos se você disser: **make memorable messages, using the Thril technique. Start with a verb.**

No caso, haveria o direito de escolher verbos, por exemplo:

> **H**elp the **h**omeless and the **h**ungry
> ou
> **C**ommunicate with **c**lassmates **c**reatively

Adultos parecem gostar desse tipo de desafio, com um toque de ética e moral; adolescentes tendem a ser mais receptivos quando há um tom descontraído, engraçado.

Quando falamos em criações aliterativas é importante ter claro o que esta terminologia é para nossa conversa: resista à tentação de impressionar com vocabulário técnico, a não ser que você crie uma maneira de dizer isso, espirituosamente. Exemplo: **Adjetivo** é uma palavra que não gosta de andar desacompanhada.

A propósito, a escritora americana Constance Hale, em seu livro *Sin and syntax: how to craft wickedly effective prose* (New York, Broadway Books, 2001) caracteriza adjetivos criativamente: **adjectives are consorts, never attending a party alone**.

Consort é palavra cognata: consorte, em Português, ou, se você preferir, cônjuge... **Speaking of cognates**, vale a pena sua turma se divertir, explorando esses **look-alikes**. Mas agora é hora de voltar à Treli e trel(i)ar um pouco mais, em Inglês.

Se você quiser dar uma colher de chá para os alunos, criando um desafio de nível médio, explicite uma ou duas letras das três palavras na mensagem. Exemplos:

1. S_____: the s_____ is s_____ (You guessed it right. **Smile: the sun is shining.**)

2. Ki_____ the ki_____ in ki_____ (**Kiss the kids in kindergarten.**)

Variety is the spice of life, diz um velho ditado; por isso, que tal propor uma **Thril** mais temperada? Algo assim:

1. F_____ some f_____ f_____ (**Find some frozen fries.**)

2. C_____ the c_____ with C_____ (**Cool the cake with Coke.**)

3. Br_____ me a bu_____ burger. (**Bring me a buoyant burger.**) Yes, look up the new word!

3

Mais uma alternATIVIDADE: em vez de fornecer a letra inicial, você explica ou dá um quase-sinônimo:

1. L L L – **Lead an animated existence.** Solução esperada: **Live a lively life.**
2. A A A – **Be thankful for a friendly opinion.** (Got it right? **Appreciate** an **amicable advice**.)
One more, with triple A:
3. A A A – **Refrain from resentment and hostility.** (**Avoid anger and antagonism**.)

Esse conselho (**bit of advice**) reflete minha crença de que **criar bem é criar para o bem**. Aos interessados numa leitura **in-depth** sobre essa dimensão de nossa vida comunicativa, sugiro meu livro *Comunicar para o Bem: rumo à paz comunicativa* (São Paulo, Editora Ave Maria, 2002).

Para terminar o terceiro convívio, que tal um toque ecológico? Proponha este desafio a seus alunos:

Fr_____ with fl_____ and fa_____ (Are you good at guessing? The ecologically correct solution is **F**raternize with **f**lora and **f**auna.)

Coming up next: a arte de **recombining in English**. See ya.

CriAtividade 4
Recombinar é combinar criativamente

Uma estratégia poderosa e produtiva no ensino-aprendizagem de qualquer língua é saber combinar palavras, locuções, frases e parágrafos. Como aprendiz de Inglês, muito cedo me dei conta de que **sentence combining** ajudava a variar meu repertório estilístico.

Assim, comecei a desafiar meus alunos a combinar pares de frases do tipo **He lives here** + **He arrived here in 1990** = He's lived here since 1900 ou He's been living here since 1990.

Esse processo combinatório (frases simples combinadas transformam-se em frases complexas ou compostas: são as **compound sentences**) tem sido usado, desde a década de 1960, em materiais didáticos. Lembro de ter introduzido essa prática em livros para ensino de Inglês criados para uma organização de ensino de idiomas.

Os títulos dos exercícios de então refletiam as maneiras de combinar elementos lingüísticos: **sentence combination**, **sentence derivation**, **equivalent sentences**. Essa terceira designação também se revelou muito útil para ensino de Português a estrangeiros, na mesma rede de escolas. Em um artigo sobre metodologia, publicado em março de 1976, no pioneiríssimo boletim brasileiro *Creativity – New ideas in language teaching*, apresentei o primeiro desses processos sob forma rimada, assim:

Sentence combination
Two sentences are put together
Into one they're synthesized
For productive competence
To be duly maximized

Que outros verbos você poderia usar em lugar de **put together**, **synthesized**, com significados semelhantes ou um pouquinho diferentes? Pensou em **combined, fused, joined, mixed together, united**? Como vai seu estoque de quase-sinônimos e afins? Ser **lexicriativo** (criativo lexicalmente) é, também, buscar palavras que ocupem o lugar de outras, adequadamente, em contexto.

Na rima citada, o que você usaria em lugar de **productive**? Certamente lhe terá ocorrido **creative**; mas e **fertile**? Afinal, como professor(a), você tem uma **fertile imagination**... E, **maximize**, poderia ser criativamente substituído por qual verbo, também em **-ize**? **Optimize**... Como esse verbo significa **make the most of**..., aproveito para lembrar: tire o maior proveito de formas verbais em **-ize**, algumas das quais bem freqüentes, como **prioritize**.

Por falar nesse sufixo, ao participar, em fevereiro de 2004, em San Diego, Califórnia, do WinterFest da Creative Education Foundation – visitei o site dessa notável e cinqüentenária organização: www.creativeeducationfoundation.org. Ali, ouvi muito **genius**, **genial**, **geniality**, **genialness**, **genially** e, como tenho o direito de ser criativo – todo usuário de línguas o tem – resolvi passar a usar **genialize**.

Consultei o grande lingüista, lexicógrafo, enciclopedista e criativíssimo colega David Crystal por e-mail sobre esse verbo e fui informado de que o *Oxford English Dictionary* registra seu uso no século XIX. Eis a comunicação pessoal, recebida em 1º de abril de 2004: "**Genialize** was used as a verb in the 19th century in the sense to impart geniality to; to render pleasant or agreeable (these are the OED definitions. So you have a precedent)". Fiquei com a sensação de que tinha **revived**, **resuscitated**, **revivified a word**. Puxa, ou, em **emotivalente** (equivalente emotivo) em Inglês: **Wow!**

Sentence derivation
If a long sentence
Is broken into two
It's an exercise in analysis
And **creativity** for you

Grifei a palavra **creativity** para chamar atenção para um fato marcante na história do ensino de Inglês no Brasil: a conscientização da importância da criatividade e da contribuição que professores e autores brasileiros vêm dando à área, principalmente a partir da década de 1970.

By the way, data de março de 1977 um artigo de minha co-autoria (com o saudoso Arnold Green Short), sobre usos criativos de Inglês por alunos brasileiros. O texto se intitulava *When are our learners creative?* (Fonte: *Creativity: new ideas in language teaching*.) Mais recentemente, o *Braz-Tesol Newsletter* (dezembro de 2003) publicou um artigo de minha autoria, em que amplio a exemplificação de **learners' creative uses of English**. Essa dimensão da criatividade no ensino-aprendizagem de Inglês é uma das motivações principais desse livro e terá mais e mais atenção, **from now on**.

Volte à rima sobre derivação frasal: em vez de **broken**, o que você poderia dizer? **Divided, split**... e o que mais? **Look up your dictionary**.

Agora, sob forma rimada, eis o conceito de diálogos equivalentes, um poderosíssimo recurso versatilizador da capacidade comunicativa... **Sounds fancy**? Então, passo a dizer o mesmo, **using plain words**: criar diálogos equivalentes é saber dizer uma coisa de várias maneiras, com **versati**lidade, seja qual for a **idade**...

>
> **Equivalent dialogues**
> They're sentences with different form
> The same meaning they share
> Because it's through paraphrasing
> That language is handled with care

Que tal fazer um **update** nessa quadra rimada? **OK**? **Let me do it** (ou, usando grafia que a gente encontra em **comic books** ou em **song lyrics: lemme do it**):

>
> Two sentences that differ in form
> Almost the same meaning they share
> By paraphrasing them let's inform
> That as creative users we dare

Claro que você e seus alunos podem muito bem criar uma versão mais criativa que a sugerida, por isso, **give it a try**... Lembre-se de que **you're more creative than you think**...

CriAtividade 5
Criar títulos de filmes: um desafio divertido

Imagino que você, colega, seja um(a) **movie-goer**, ou que aprecie um bom filme e saiba aproveitar essa maravilhosa diversão para tornar seu uso de Inglês ainda mais **criativo**. Na verdade, esse é um direito que todo(a) usuário(a) de Inglês tem: **to be creative with English**. Como eu já contei em Cri**Ativando**, assistir filmes continua sendo uma das experiências mais proveitosas para desenvolver minha proficiência (auditiva e falada).

Atualmente, com a crescente disponibilidade de **fitas de vídeo** e **DVDs**, podemos escolher o que há de melhor, nos diversos gêneros/tipos de filmes: **action movie, animated feature, comedy, documentary, romance, sci-fi movie, horror movie, thriller, western**...

Você saberia dar exemplos de outras categorias de filmes? **Biography, musical, gangster movie**... Por falar em cinema, como está seu conhecimento de títulos em Inglês de filmes famosos, de **classics**, como *E o vento levou?* Em Inglês: **Gone with the wind**.

Que tal darmos um passeio nos títulos de filmes **(movie titles)** e descobrirmos um pouco da fraseologia cinematográfica, **I mean**, títulos do tipo frasal? **What for?** Para você poder desafiar seus alunos a criar seus próprios títulos de filmes e os correspondentes **plot outlines** (sinopses; resumos de enredos). Isso vai ser **lots of fun**: falo por experiência própria: não é preciso ser **advanced learner** para criar esses **movie titles** e mini-enredos. Basta ter um(a) professor(a) como você, que goste de Inglês e de cinema.

Primeiro, vamos dar uma olhada nos títulos que eu chamo de frasais, porque parecem frases do cotidiano. Aliás, vejam as expressões que neles ocorrem, algumas de uso bem freqüente em **informal spoken English**. Para contribuir com sua **motion picture literacy** (educação cinematográfica), cada título vai acompanhado do ano de lançamento.

A tradução em Português fica por conta de sua curiosidade, leitor(a). Para isso, você pode recorrer a um guia de filme e vídeo em Português. Minha fonte preferida em Inglês? *Movie and video guide*, do crítico e historiador Leonard Maltin, publicado anualmente (**pocket edition**) pela Penguin/Putnam (parece-me que a edição de 2004 foi publicada pela Signet Book) e encontrável em boas livrarias.

Exemplos de títulos:

Give the girl a break (1953)
Give my regards to Broadway (1948)
I wanna hold your hand (1978) (**Wanna = want to**. Grafia bem informal.)
I was a teen-age werewolf (1957) (Que filmes atuais começam assim, com I?)
It came from outer space (1953)
It's a mad mad mad mad world (1963)
If you could see what I hear (1982)
I like it like that (1994)
The boy with green hair (1948)
The boy who could fly (1986)
The girl who had everything (1953)
The man I love (1946)
The woman who came back (1945)
What's the matter with Helen? (1971)
Whatever happened to aunt Alice? (1969) (Que **movie titles** atuais começam com interrogativos?)
Say it isn't so (2001)
Um título quilométrico em Inglês?
Everything you always wanted to know about sex (but were afraid of asking) (1972)
We're no angels (1989)
They won't believe me (1947) (Que **contractions** aparecerão nos títulos de filmes que você/sua turma assiste?)
The return of a man called horse (1976) (Veja quantos filmes há começados assim: **The return of…** ou **Return to…**)
Time to sing (1968)
Flying down to Rio (1933)
Thank God, it's Friday (1979)

You gotta stay happy (1948) (**Gotta** = **got to**. Grafia bem informal.)
You must be joking! (1965) (Veja que pronomes pessoais recebem tratamento VIP em **movie titles**…)
You can't win'em all (1970) Viu a grafia? Mostra a forma reduzida de them.

Como nosso objetivo é criar títulos de filmes, será que **create** aparece em algum?

Na fonte supracitada, encontrei **Creator** (1985), com o saudoso (em Inglês, **late**) Peter O'Toole.

Agora, prepare-se para desafiar seus alunos a criar títulos de filmes, com base em **plot outlines**. Dou quatro exemplos, mas **use your creative talent** e invente outros.

1. Plot outline: Brazilian high school student selected for first space flight to a far-away planet has to learn to speak the local language without any assistance from teachers. Entertaining, with big laughs.

2. Plot outline: Thousands of Internet users register on-line for a competition for the most creative movie title for the current year. The two winners turn out to be a surprise: the movies had no special effects!

3. Plot outline: A community is not pleased with the **movie rating system** (sistema de avaliação de filmes), so a school committee is set up to replace the present system (very good, good, okay, bad). Members don't seem to agree, until a couple of students comes up with a brilliant suggestion.

4. Plot outline: Um **film producer** quer financiar a produção do **the funniest movie ever made**. Candidatam-se humoristas e cartunistas de vários países. Quais as propostas mais criativas?

Para concluir esta criATIVIDADE, outra sugestão...
Desafie os alunos a criar títulos para cada gênero/tipo de filme:

1. Romantic comedy
2. Biography of legendary singer
3. Sci-fi (focusing on a new type of comic book hero, Paxion, who brings peace to everyone touched by him/her)
4. Action film (involving police officers who use high-tech to fight terrorists)
5. Animated feature film (based on one of Monteiro Lobato's stories)

That's it for now. Watch for the **coming attractions**, como se diz em linguagem de cinema...

CriAtividade 6
Conversar? Coisas também podem

Na tradição de ensino de Inglês, pessoas **talk to each other**, mas coisas, objetos, utensílios domésticos, não. Em **creativityland** (ou **creativeland**, dependendo da opção...), isso não só é possível, como desejável: **possible and desirable**. Aliás, pedagogicamente, essa extensão do ato comunicativo pode contribuir duplamente para desenvolver o Inglês de seus alunos:

1. relaciona palavras pertencentes à mesma família semântica e
2. ativa frases que podem ser usadas em contextos conversacionais reais.

Claro que o elemento **criativUMOR** dá um gosto especial, **unique** a essa aplicação de **wordplay**.

Vamos, então, entrar na criativilândia e, **as if by magic**, partilhemos nossa maravilhosa faculdade mental de comunicação com **things** de vários tipos. Para começar, coisas de casa, do lar. **Before I forget**, esta criATIVIDADE tem outra característica singular: a reversibilidade. Assim, se um objeto X diz algo para outro, Y, o inverso acontece.

To illustrate: What did the living room say to the kitchen? **I couldn't live without you**. E o inverso? What did the kitchen say to the living room? You make everybody comfortable. No caso, uma parte da casa **praises** a outra. Possibilidades aplicativas desta criATIVIDADE? Imensas: só dependerá de escolha, sistematização e, acima de tudo, de **imagination**, coisa que você tem de sobra.

Por falar em imaginação, sabia que o primeiro livro famoso – inspiradoríssimo – da área de criatividade se chama *Applied imagination*, de Alex Osborn? Foi publicado em 1953. Em 2004, tive o prazer de conhecer John Osborn, neto daquele pioneiro de **Creative Studies**. Esse continuador da obra do avô é atual **Executive Director** da Creative Education Foundation, www.creativeducationfoundation.org. Esse site é um **must**!

Ao introduzir esta criATIVIDADE, crie um clima, provocando reflexões dos alunos sobre como seria o mundo se as coisas falassem... Use a pergunta criativa **What if... things could talk (to each other/to**

one another)? Essa brincadeira poderá despertar a curiosidade da turma para o que se vai aprender, **create**, em seguida. No fim da aula, anote o resultado dessa prática imaginativa, para uso posterior.

Aliás, como este livro é um quase-diário de um professor, lembraria a importância de você, colega, registrar as coisas mais significativas que acontecem em sua sala de aula, para seu uso e de outros colegas. Quem sabe, um dia você estará partilhando suas experiências, em artigos, em um livro, como aconteceu comigo? **Communicating is sharing**, diz o princípio, por isso...

Things talking to each other: examples for your students to expand, explore, enrich...

A pergunta-chave em Inglês é:

> What did the _____ say to the _____?

Eis os exemplos (alguns soarão mais criativos que outros: perceba as reações dos alunos e, quando criarem suas respostas, valorize a originalidade das escolhas e do vocabulário, da associação entre os pares de coisas...):

1. Chair... table: *Please, make room for me.* Alternativa: *Is there room for one more?*
2. Table... chair: *Come sit closer.* Alternativa: *Sit at the head of the table, please.* Mais criativamente: *My head is waiting for you.*
3. Stove... refrigerator: *Keep cool!*
4. Refrigerator... stove: *Don't play with fire!*
5. Wall... floor: *You may have the floor* (Você tem a palavra). *What floor are you on?* (Em que andar você está?) Veja o tom de brincadeira nessa pergunta...
6. Floor... wall: *Stop climbing... You're over my head.*
7. Sink... faucet: *I'm thirsty.*
8. Faucet... sink: *Care for some water?*
9. Refrigerator... freezer: *Freeze!* Alternativa: *You're too cold.*
10. Freezer... refrigerator: *Is your temperature going down?*
11. Light... switchbulb: *I have the power.*
12. Bulb... light switch: *Please keep me warm.*

13. **Computer… video game:** Let's have some fun.
14. **Video game… computer:** Please download me. Loads of fun!
15. **Chair… sofa:** You're sitting pretty! Alternativa: You're too fancy ou How comfortable!
16. **Sofa… chair:** We're cousins, aren't we?
17. **Bed… pillow:** Sleep on it. (Veja outro significado da frase: Pense bem, a respeito… e amanhã me diga algo.)
18. **Pillow… bed:** Let me sleep.
19. **VCR** (video cassette recorder)… **DVD** (digital video disc) **player:** You're high- tech!
20. **DVD player… VCR:** You have a lot to learn.

Que outras coisas usar, neste uso criativo de Inglês? **Fruits**, por exemplo. Assim, teríamos:
1. **What did the lemon say to the orange?** You're too sweet.
2. **What did the orange say to the lemon?** Love lemonades.

Outros pares de frutas que podem ser sugeridos aos seus alunos, para a devida **re**criação/**re**creação da turma:

---
1. apple… pear; 2. melon… watermelon;
3. papaya… pineapple; 4. grapes… strawberries

Outra categoria: **vegetables**. Dois exemplos:
1. **What did the carrot say to the tomato?** You're perfect, even in a ketchup.

Com alunos adiantados, uma resposta criativa seria: **I can't ketch up with you** (o esperado, em Inglês usual, seria **catch up with you**, no sentido de conseguir acompanhar /alcançar você…).

2. **What did the tomato say to the carrot?** Rabbits love you, and I do, too.

Pares adicionais?

---
1. lettuce…cauliflower; 2. potatoes… onion;
3. beets… peppers

Ao desafiar seus alunos, incentive-os a sugerirem as palavras a serem usadas e a serem bem criativos nas frases associadas àqueles itens lexicais.

Bom, já que falamos de **fruits and vegetables**, que tal ampliar a lista, com **food**? Imagine o que seus **CRIATIV**alunos irão fazer, com estes pares:

> 1. sandwich... soup; 2. cake... pizza; 3. rice... beans;
> 4. meat... fish; 5. chicken... turkey;
> 6. potato chips... peanuts; 7. eggs... cheese; 8. bread... roll

Se você fosse exemplificar com **butter... margarine**, que pergunta faria? Em meu **brainstorming** instantâneo, me ocorreram estas possibilidades:

1. **What did the butter say to the margarine?** You're just butter-like, but I'm real.
2. **What did the margarine say to the butter?** You're so hard to find these days.

Para concluir esta cri**ATIVIDADE**, eis um par especial:

> salt... sugar

Provoke your students' creativity e os desafie a fazer essas coisas falarem. Minha sugestão (lembre-se de que você é capaz de criar coisa bem melhor!):

What did the salt say to the sugar? You're so sweet!
What did the sugar say to the salt? Who's the salt of the Earth?
(Frase bíblica, encontrada em **Matthew 5:13**). Sal da Terra é uma pessoa que tem qualidades e virtudes... você, caro(a) colega! **Speaking of virtues, share this pledge (serious promise) with your students:**
Let's be versatile, vibrant, and virtuous.

Coming up next? Guess! It rhymes with wealth...

CrIAtIvIdade 7

Conversando com profissionais da saúde: o que (não) diríamos em Inglês?

Em geral, ensinamos aos alunos **o que dizer** em Inglês e damos bem menor atenção, **if at all**, **ao que não dizer**. Ao ensinar Inglês criativa-mente, ou melhor, **cri**ativamente (viu meu **visual wordplay**?), você pode desafiar – **challenge** é um dos verbos-chave em **Creative Studies**, ao lado de **change** – seus alunos a imaginar, escrever e comparar frases que não seriam ou não poderiam ser ditas numa conversa com profissionais da área da saúde. Claro que o objetivo primordial é ativar o Inglês dos seus alunos, num espírito de descontração e diversão, **having fun** como usuários daquele idioma.

Por falar em **fun**, um dos livros de que fui **co-creator** em 1971, intitulava-se *Let's have fun: English for Brazilian high school students*. Minha convicção de que o humor é um ingrediente indispensável no ensino-aprendizagem de línguas muito influiu na criação daquele material instrucional. Ali, foram incluídos conteúdos destinados tanto à **re-creação** quanto à **recriação**.

Eis uma **joke**, do Book 1 daquela série didática, um minidiálogo entre paciente e médico:

Patient – **Oh, doctor. I'm sorry to be so late!**
Doctor – **Doesn't your watch tell you the time?** (Atente para o trocadilho ou, **pun**.)
Patient – **Oh, no. I have to look at it.**

O médico perguntou se o relógio dizia as horas. O paciente, interpretando literalmente a expressão **tell you the time**, arrematou: Não, tenho que olhar o relógio.

Já em 1974, no artigo "Humo(u)r, a neglected feature in foreign language teaching" (publicado em *Creativity: new ideas in language teaching*, volume 8, March, p. 1-3), questionei a pouquíssima atenção que se dava, na época, ao lúdico, ao humorístico, ao divertido, no ensino de línguas. Bom, depois dessa digressãozinha, voltemos ao que está sugerido no título desta sétima cri**atividade**. A propósito, **thirteen more to go** (ainda tem mais treze).

Se em sua turma houver médicos, dentistas, outros profissionais da área da saúde, tanto melhor: o desafio poderá ser ampliado e, no caso, que os alunos sugiram outros tipos de profissionais e as respectivas frases. **The funnier the sentence, the better**.

As **specialties** estão em ordem alfabética. Pronúncia desses termos? **Look up** um bom dicionário: há vários; por isso, descubra e decida qual consultar, pois, como dizem os publicitários, os usuários **have the right to choose**…

Things we wouldn't/shouldn't say in talking with health professionals:

Anesthesiologist
How am I feeling? Alternativa: **That's sensation al.**

Cardiologist
Have a heart, doctor. (Tenha pena, doutor.)

Dermatologist
I have a thick skin. (Não me importo com críticas.)

Gastroenterologist
It takes guts to do that. (Precisa de coragem para fazer isso. **Guts** = tutano. Gíria? **Yes, slang.**)

Endocrinologist
Does my statement carry a lot of weight? (Minha afirmativa é de peso?)

Neurologist
I'm getting nervous.

Nurse
Show me you care. (Mostre que se importa comigo.) Alternativa:

Take good **care** of me.

Optometrist (informalmente: **an eye doctor**)
We see **eye to eye** on this. (Concordamos, nesse ponto.)

Otorhinolaryngologist (em inglês informal: **ear, nose and throat doctor**)
I'm all **ears**, doctor. Alternativa? **I arrived here at 3:00 on the nose** (precisamente).

Orthopedist
I'm **bone** tired, doctor (completamente).

Pediatrician
Várias alternativas: **Are you kidding**? **No kidding**! (Tá brincando?!) That's **child's play**, doctor…

Physiotherapist
The **massage** is the message, right? (Frase parodiada da célebre afirmação do comunicólogo canadense Marshall McLuhan: **The medium is the message** [o meio é a mensagem]).

Pneumologist
I need some **fresh air**.

Psychiatrist
You're driving me **crazy**. (Está me deixando louco[a].)
Aqui, lembraria o título de uma comédia famosa: **It's a mad mad mad mad world**, que, em publicidade, pode ser parafraseada assim: **It's an ad, ad, ad, ad world**. (É um mundo de propagandas.)

Psychologist
What's on your **mind**? (O que é que está pensando?)

Radiologist
We'll see it **through**. (Venceremos as dificuldades.)

Veja que **see through** tem outro significado, logo, trata-se de um **pun**. Saber fazer trocadilhos numa língua estrangeira é indicador de elevada criatividade. Claro que você tem essa competência criativa e seus alunos, também. O que precisa(m) é de incentivo. Aproveito para lembrar uma frase útil: **Pardon my pun.** (Desculpe o trocadilho.)

Surgeon
They can't take that away from me. (Não podem tirar isso de mim.)

Veterinarian
Hold your horses! (Tenha paciência!)

Sempre que oportuno, é interessante "provocar" frases desse tipo – mais originais, **mind you** – e incentivar a classe a criar conversas em que essas criações ocorram, misturando especialistas, por exemplo. As soluções ficam por conta de seus **criATIValunos**.

Depois de falar em saúde e em frases, lembraria uma pergunta que ficou famosa na história do cinema, feita pelo personagem Bugs Bunny (Coelho Pernalonga), desenho animado de longa-metragem **(film cartoon)**, que tem como título o nome desse **very funny character**. Ei-la, ou, passando para o Inglês, **here it is: What's up, Doc?** (Traduzindo, bem informalmente: Oi, doutor. Tudo bem?)

O referido desenho é de 1937, **by the way**.

Por falar em **desenho**, lembre aos alunos que ser criativo comunicativamente envolve saber **redesenhar os modos de dizer…Redesigning their English.**

CriAtividade 8

Proverbializando: criando sabedoria em Inglês

Dentre as coisas interessantes, relevantes, apaixonantes (e outros -antes...) que a gente aprende em nossa vida comunicativa, destacam-se os **proverbs**. Pesquise essa palavra na Internet e você irá perceber como o uso dessas mensagens tem importância no ensino de Inglês. Na Bíblia, então, esses pensamentos têm um lugar de destaque: há um *Book of proverbs*, às vezes chamado de *Book of wisdom*. Como ensinar sabedoria é missão de todo(a) educador(a), você, colega, precisa desenvolver sua sabedoria criativa, ou, **in other words**, criatividade sábia.

Por falar em **proverbial wisdom**, esse é o título de um dos capítulos do magistral volume *Words on words: quotations about language and languages*, de David e Hilary Crystal (Penguin Books, 2000). Um livro imperdível, ou, para ser mais que conciso, em Inglês: **A must**! Ali, em quatro páginas, os Crystal apresentam citações sobre **proverbs, maxims, epigrams and other succinct expressions**.

Dos 73 pensamentos citados, selecionei dois (tradução minha):

> **A proverb is to speech what salt is to food.**
> (O provérbio está para a fala como o sal está para o alimento.)

Essa frase dá o que pensar... e o que **criar**: desafie seus alunos a seguir o tipo de construção acima, ampliando seu repertório de provérbios **originais**. Um exemplo?

> **A phone call is to spoken English what e-mail is to written English.**

Outra **quotation**, do cristalino e espirador livro dos Crystal: **Who does not heed proverbs, will not avoid mistakes.** (Quem não atenta para provérbios, não evitará erros). Essa sabedoriazinha ("zinha" usado afetivamente) de origem turca poderia inspirar outra prática.

Assim, que tal desafiar seus alunos a explorar a construção citada, com frases de sua própria experiência?

Um **reminder**: em Inglês, pode-se dizer **He who…** (ocorre em provérbios de Salomão, como neste: **He who pursues justice and kindness will find life and honor** (21:21).

Quantos pensamentos sábios podem ser criados, por meio da construção bíblica **(S)he who…**, but **(s)he who…** Se você quiser evitar **sexist language**, considere: **Those who…**, but **those who…**

Uma dica sobre esse problema de sexismo lingüístico: evite o genérico **man**. Assim, em vez de **Man is mortal**, parafraseie: **Human beings are mortal**. Em suma, ponha sua criatividade para trabalhar, inclusive nesses casos de discriminação contra mulheres.

Como provérbios são também a sabedoria das ruas, **how about choosing some** para seus alunos **proverbializarem** em Inglês? Você pode estar se perguntando: esse verbo tem equivalente **in English**? Basta criar: **proverbializing…** Afinal, todo(a) usuário(a) de língua (**whatever the language**, ou, qualquer que seja a língua) é **criativo(a)**, mas será que a pessoa é **CRI**ativíssima ou cri**ATIVíSSIMA**? Esse é o desafio (com ênfase no artigo definido: em Inglês, diríamos **that's THE challenge**, vogal um pouco mais longa que a da palavra **sea**).

Agora é **time to proverbialize…** ou, ludoparafraseando, hora de **proverb-provoking practice** (veja que usei três palavras iniciadas com **p**, para lembrar mais facilmente). O que você poderá propor aos alunos? Para cada provérbio, acrescente duas continuações que **make sense** (ou **nonsense**: quanto mais engraçado, melhor…). Para ajudar você, ofereço três alternativas de continuação ou **follow-up**. Você sabe criar melhor do que o autor, por isso, cre**activate** sua mente e descubra ou invente provérbios adicionais para essa cri**ATIVIDADE**.

Como envolver, engajar os alunos? Desafie a turma, o grupo, a cocriar respostas/comentários, a intercambiar soluções, a explorar o lado leve, **light**, da linguagem proverbial. **In short**, diga aos alunos que se trata de uma **criadeira** séria ou de **having fun with proverbs…** que eles podem dramatizar, teatralizar… Afinal de contas, aprender uma

8

língua é aprender a representar, a atuar, a vivenciar papéis... E, claro, teaching is a performing art...

1. **A bird in the hand is worth two in the bush.** (Mais vale um pássaro na mão que dois voando.)
   Comments:
   a. Yes, but please set the bird free, will you?
   b. Yes, but is the bird as free as a bird?
   c. Especially when you feed that bird, right?

2. **Laughter is the best medicine.** (Rir é o melhor remédio.)
   Comments:
   a. Yes, especially when your doctor prescribes no medicine...
   b. So, why doesn't my doctor prescribe jokes / laughing pills?
   c. For clowns and comedians, too?

3. **The best things in life are free.**
   Comments:
   a. Well... how about WATER? That's an expensive exception...
   b. Well... the air is free, but air-conditioning isn't...
   c. Especially as advertised, right?

4. **All's well that ends well.**
   Comments:
   a. Or, why not say "that ends better"?
   b. Right! A happy ending is a must!
   c. What if it doesn't end at all?

5. **Opportunity seldom knocks twice.**
   Comments:
   a. So... why don't you just leave the door open... forever?
   b. So... why don't you put up this sign on the door: Opportunity welcome!
   c. So... why don't you put up this sign on the door: Opportunity wanted. Apply inside. (Candidate-se lá dentro.)

6. **Where there's a will, there's a way.** (Quando há vontade, há um caminho.)

Esse provérbio sabe vender a idéia de que, para aprender, a pessoa precisa ter vontade, motivação, **willpower**. Isso você tem, colega, mas e seus alunos? Estarão bem motivados para a aprendizagem de Inglês? **I mean** automotivados, e não **levados a aprender**, por vontade dos pais. Uma vez, num seminário com professores de Inglês, eu resumi nosso desafio assim: **Motiv(A)ction needed** (Precisa-se de **motivAÇão**). Claro que sim! Somos **motiv(ac)tors: motivators and actors**...

Comments:
a. Sure... especially if it's good will. (boa vontade)
b. Hmm... you're not talking about a legal document, are you? (a will = um testamento)
c. Well... but will that will be an effective way? (Aquela vontade será uma maneira eficaz?)

7. **Actions speak louder than words.**
Comments:
a. Well... yes, but... uh... what if you shout?
b. Even if you use a megaphone, as police officers sometimes do?
c. What language do "actions" speak, by the way?

8. **When the cat's away the mice are at play.**
Comments:
a. What happens when the cat is just asleep?
b. What if the cat gives a surprise party?
c. Then the mice can put up a sign "Stay away and come back another day", right?

9. **Time is money.**
Comments:
a. If that's true, why can't we stretch time?
b. Why don't we sell time, then? The media does. They sell "prime time"... (A mídia vende horário nobre...)
c. Is that the reason why some people buy time, when they talk?

10. **Faith will move mountains.** (A fé remove montanhas)
    Comments:
    a. You better believe it!
    b. Where to? Anywhere? Anyplace? (Esta variante ocorre em **American English.**)
    c. Oh... but not Sugar Loaf, I hope... (Mas... não o Pão de Açúcar, espero...)

Antes de dizer **See you**, um lembrete: **Share your wisdom with your students, so they can share theirs with you.** Comunicar é partilhar, principalmente sabedoria, por isso, **proverbialize** em suas aulas, ou, mais humanizadoramente, compartilhe **os convívios** com **your students.**

cri**A**t**i**vi**da**de 9

Brincando de jornalista: headlines

Em sua inovadora *Longman grammar of spoken and written English* (Pearson Education, 1999), Douglas Biber *et alii* (= **and others**) comentam que **newspaper language** e a conversação estão entre as formas mais conhecidas de escrever e falar, e talvez a maioria das pessoas que aprendem Inglês leia jornais, **occasionaly at least**.

Concordo com os autores dessa gramática de referência (que já deu origem a duas criações: uma gramática pedagógica – *Longman student grammar of spoken and written English*, publicada em 2002 – e o correspondente **workbook**) e acrescentaria que muita gente lê manchetes, sob forma impressa ou eletrônica. Por falar nisso, faça uma **search** na Internet: pesquise **headlines**: irá ter acesso a manchetes de vários jornais... Uma estratégia poderosa para desenvolver-se como leitor... não só em Inglês, mas em outras línguas (aprenda os equivalentes de manchete em francês, espanhol, alemão, italiano, etc.).

Depois de ressaltar a importância do que alguns chamariam de discurso jornalístico, quero enfatizar a relevância pedagógica dessa maneira de usar o idioma, principalmente da capacidade de **criar** e **ler** manchetes. Para isso, que tal a gente brincar de jornalista, **in English**?

A linguagem de manchetes – ou, se preferir um termo técnico, **headlines** (manchetes, em Português) – busca satisfazer alguns requisitos, dentre os quais: usar palavras curtas, chamar a atenção, causar impacto visual, economizar espaço, provocar ambigüidade (duplo sentido) e, claro, ter alta memorabilidade. Quer aprender mais sobre isso? Recomendo o manual *The language of newspapers*, de Danuta Reah, published by Routledge, 1998.

Brincar de **headline writer**? Como? Possibilidades mil, como se diz em **Estudos Criativos**, ou, em Inglês: **unlimited possibilities**. Nada de limitações, colega, exceto as de espaço (uma necessidade editorial, no caso deste **(re)source book**, por isso, passemos logo **from theory to practice**. Como podemos desafiar nossos alunos a criar manchetes em Inglês e a gostar dessa criATIVIDADE? Eis alguns exemplos, partilhados na convicção de que você e seus alunos são CRIATIvíssimos e que, **together**, saberão ir mais além do que estou propondo. Aliás, o objetivo deste manual é abrir caminhos para que os alunos consigam **go beyond**, **probe** (aprofundem), **explore further...**

Brincar de completar manchetes que gostaríamos de ler (coisas que ainda não aconteceram...): do tipo **futuristic headlines**. Lembrete: **Futurism** é uma área afim muito importante. Quem quiser aprofundar sua competência criativa, precisa conhecer a literatura centrada no e voltada para o futuro. Aproveito para fazer um trocadilho: uma **escola de futuro** é também uma **escola do futuro** (**school for the future, in English**). Para aprender mais sobre Futurismo, Estudos do Futuro, pesquise **Future Studies, Futures Studies Field** (sim, já é um campo em grande desenvolvimento).

Por falar em futuro, você e seus alunos conversam sobre que futuro: **immediate**, **remote or both**?

Nos exemplos a seguir, os alunos são desafiados a preencher a lacuna com verbos adequados, que **make sense**:

1. **Portuguese** _____ **everywhere in the world.** (Fala-se Português em toda parte do mundo.)
2. **Cure for cancer** _____ (Anunciada cura do câncer.)
3. **Communicative peace** _____ **on-line.** (Paz comunicativa ensinada eletronicamente.)
4. **Earth-Mars tourism project** _____ (Lançado projeto de turismo Terra–Marte.)
5. **Effective universal translator for literary texts** _____ (Inventada máquina eficaz para traduzir textos literários.)

A forma verbal focalizada pode estar no infinitivo (característica de muitas manchetes em Inglês, para designar ações futuras). Exemplos:

1. **East-West Highway to** _____ **in January.** (Estrada Leste-Oeste a ser inaugurada em janeiro.)
2. **Terrorism to** _____ **extinct.** (Terrorismo a desaparecer, a tornar-se extinto.)

3. **Universities to** _____ **new interdisciplinary degrees on-line.** (Universidades oferecerão novos graus interdisciplinares eletronicamente)
4. **President to** _____ **trade agreements with all countries in the world.** (O Presidente assinará acordos comerciais com todos os países do mundo.)
5. **Astronauts to** _____ **outside their space rocket.** (Astronautas casarão do lado de fora de seu foguete espacial.)

Pessoas criativas são muito observadoras, por isso pergunto: que palavrinhas em Inglês foram omitidas nas cinco primeiras manchetes? (**Time for your answer...**) **Spoken, announced, taught, launched, invented. Right**! A omissão de artigos (**the/a/an**) é outra característica de manchetes....

Mas e um **touch of humor**? Um desafiozinho mais leve para seus alunos: descubram que palavra está quase visível em cada frase. Façam a devida mudança na manchete:

1. Too good to bebl ue. (Solução certa: true .)
2. Great volleyballn ame. (game)
3. Ten people rescued inb lood. (flood)
4. Newb ends in hair style. (trends)
5. New era in spacel ight. (flight)

Agora, it's up to you. Carry on!

CRiAtividade 10
Conversando CRIativamente

Conversar é uma atividade, uma interação criativa, aliás, mais criativa do que se pensa. Essa afirmação é provocadora mesmo, mas **absolutely true**. Quem pode demonstrar isso? O criativíssimo colega britânico Ronald Carter, em seu livro *Language and creativity: the art of common talk*, publicado pela editora Routledge (www.routledge.com) em 2004. Releia o subtítulo: em Português, a gente diria: A arte da conversa(ção) comum, cotidiana, habitual...

Nesse livro pioneiro, o lingüista sustenta que (**and I quote**): "**Linguistic creativity is not simply a property of exceptional people but an exceptional property of all people**" (p. 13). Nem precisa traduzir, não é? Quase no fim do livro, Carter parafraseia esse pensamento assim: "**Creative language is not a capacity of special people but a special capacity of all people**". (p. 215)

Quer a gente se refira à criatividade lingüística (no uso de uma ou mais línguas) como uma propriedade, quer como uma capacidade ou (termo que eu prefiro, por ter uma base cognitivista) **um processo**, o importante é que como **conversationalists** (em Português: conversacionalistas ou conversadores, embora esta variante possa ter outro significado: tagarela... Está curioso(a)? Veja o *Dicionário de usos do Português do Brasil* (Francisco S. Borba, Ática, São Paulo, 2002). A variante conversacionalista não está registrada ali, mas, em nosso criativíssimo **mental dictionary**, sim!

Voltando a falar sobre o inspirador livro de Carter: ele se valeu de um conjunto de dados lingüísticos, ou, em linguagem técnica, de um **corpus** – que abrange **five million words**. Para quê? Mostrar que os falantes são mais que simples usuários de línguas: são **language makers**. É bom ficar bem claro que ao se referir a **speakers**, aquele lingüista está pensando em todos os usuários, sejam **native** ou **non-native speakers**. Aliás, atualmente, o termo **users** está ganhando terreno: se eu digo **English language users**, estou incluindo todos os que usam esse idioma. Bem mais genérico... E o Inglês, como diz David Crystal na página de Epígrafes, pertence a todos que usam esse idioma.

Depois desse comentário sobre um livro inovador, que tal você pensar em desafiar os alunos a exercer seu papel de conversacionalistas – conversensacionalistas, ludolingüisticamente fazendo um pouco de **language play** (que, por sinal, é o título de um livro importantíssimo de David Crystal [Penguin, 1999] na área de **language and creativity**) – e conversarem ainda mais criativamente em Inglês? A seguir, alguns exemplos.

Há quem pense que ser lingüisticamente criativo significa saber falar muito, mas, se fosse o caso, como ficariam os jornalistas responsáveis pela criação de **headlines**, ou os autores de livros, os publicitários? **As a matter of fact**, criatividade no uso de uma língua deve ser interpretada assim: ser criativo(a) **nos usos** desse idioma.

Assim, podemos ser criativos comunicando muito, bastante, pouco, muito pouco... São desafios diferentes, que mexem com a cuca, ou, para felicidade dos psicólogos, com a **cognição**. Veja, a seguir, um exemplo de como aplicar o sábio conselho bíblico "**Let your words be few**" (Sejam breves tuas palavras):

Desafie seus alunos a criar um diálogo entre duas pessoas, numa videolocadora: atendente e cliente. A criação consistirá de título, situação e objetivo da cliente. **In English...**

A contribuição mais desafiadora será fazer os **conversational partners** dialogarem usando apenas uma palavra, em cada **conversational turn** (em Português, na terminologia da Análise do Discurso: **turno conversacional**). Exemplifico:

Title: At the video rental
Situation: A regular customer is looking for new video releases. She usually looks for comedies.
Dialogue: (One word per speaker)
– Hello!
– Hi!
– Comedy?
– Well...
– Fiction?

– OK.
– Here...
– Good!
– Subtitled?
– Sure...
– Thanks!
– Bye!
– Bye!

Para não parecer que estamos fazendo a apologia do diálogo tipo um mais um (**one plus one**), eis um exemplo de **two plus one**, com uma situação semelhante, mas dessa vez, a cliente procura um desenho, dublado (**dubbed**). Alternam-se as falas, mas a atendente usa duas palavras, enquanto a cliente continua sendo **hyperbrief** (veja a combinação do prefixo **hyper** com o adjetivo **brief** para dizer **excessively brief**.)

A propósito, já ouviu falar em **hyperactive children**? Se você tiver **hyperactive students**, tire proveito da hiperatividade deles, desafiando-os a serem **hyperCreaCtive**, montando um cenário e interpretando os papéis com muito empenho.

Vamos ao segundo exemplo: **two plus one**.

– Hello, there!
– Hi!
– Same type?
– No...
– Something different?
– Cartoon...
– In English?
– Dubbed...
– Really?
– Yes...
– Who for?
– Kids...
– At school?
– Right.

À primeira vista, esse tipo de criação conversacional pode parecer fácil, mas, lembro: é um desafio, porque pressupõe imaginação bem contextualizada. Imaginar é um dos ingredientes do criar, por isso, não deixe de propor essa criATIVIDADE para seus **beginning students**. Principiantes? Sim, desde a fase inicial da aprendizagem devemos desafiar nossos alunos a ativar, cultivar sua criatividade.

Vale a pena repetir: a **criatividade** se manifesta em qualquer **criativa… idade**! Toda idade é uma **criativa… idade**! Fazer esse **wordplay in English**? Nem sempre é possível encontrar trocadilhos equivalentes, exatos, em duas línguas… Em Inglês, poderíamos dizer a mesma coisa, sem entretanto chegar ao ludolingüístico: **Every age is a creative age…** Deixemos essa questão para os especialistas em **translation studies…**, área importantíssima…

Mais um exemplo de hipereconomia em **conversational English**?

Two plus two (cada pessoa diz duas palavras, no diálogo). Claro que você pode ir aumentando o número de palavras: **three plus three**, **four plus four**, etc. Observe a reação dos alunos (se gostam, continue o desafio, caso contrário, adapte, modifique, re-crie, adeque aos interesses, às preferências, às necessidades, aos talentos dos aprendizes) e aplique o que for mais produtivo e prazeroso.

Vamos ao **two plus two**? Outra situação: dois alunos combinam ir ao shopping (mall):

– Hi, Paula!
– Hi, David!
– Let's meet?
– Great. Where?
– The mall.
– What time?
– After class…
– All right!
– See you!
– Bye, bye!

See? Como diria Alex Osborn, o pioneiro dos Estudos Criativos, é uma questão de imaginação…, ou, para dizer isso visualmente: **IMA-**

GINação. Em Inglês: **IMAGINA(c)TION...**

Imaginar criativamente é uma das maneiras de bem trabalhar nossa mente... e de utilizar o idioma que se está usando, no momento...

Para terminar esta criATIVIDADE, mais uma dica: ao se referir à imaginação criadora, toque a maravilhosa canção "Imagine" (de John Lennon, 1940-1980).

A letra (**lyrics**) merece uma **cri**atenção especial: você pode desafiar os alunos a reescrevê-la (**rewriting**), a substituir algumas palavras ou até mesmo a fazer uma nova versão, tudo em Inglês. **Music is the language of emotions**, por isso, crie um clima favorável às emoções dos alunos, musicalmente. Aquela canção do saudoso **songwriter** britânico pode inspirar você a fazer muitas coisas em benefício da criatividade comunicativa de seus alunos.

That's it, for now. See you.

CR_IA_TI_VI_DA_DE 11

Positivando seu vocabulário

O título acima é intrigante (**intriguing**)? O verbo positivando significa "tornar positivo", mas e o que ele tem a ver com vocabulário? Antes de responder, vou contar um pouco sobre o desafio que eu sentia, no fim da década de 1970, a respeito do tratamento pedagógico do vocabulário em sala de aula. Uma das descobertas – e você, colega, terá seus **findings** a respeito dessa problemática – dizia respeito a modos de ajudar os alunos a trabalhar itens lexicais (palavras, expressões) sistematicamente. Assim, como co-autor de um material didático para ensino de Inglês a adultos, introduzi uma atividade chamada **Organize your vocabulary**. Naquela época, 1978, propus o seguinte tipo de exercício:

Organize your vocabulary in five columns: nouns, verbs, adjectives, adverbs, fixed phrases.

Era uma maneira de engajar os alunos no controle – hoje se diz **monitoramento**, ou, em Inglês, **self-monitoring** – das palavras que se usam, se encontram em leituras, se ouvem em conversas, **and so on**. O critério classificatório era um tanto centrado na classe de palavra, mas se dava atenção à fraseologia. Assim, numa determinada lição, os alunos eram expostos a uma enumeração de palavras e frases feitas, a serem adequadamente incluídas nas cinco categorias citadas.

Esse tipo de conscientização lexical – **word awareness** – tem seu lugar na aprendizagem de línguas, mas pouco contribui para **learning in-depth**, aprender em profundidade. Em 2002, minha percepção do referido desafio era outra, influenciada por meu trabalho na área emergente de Lingüística Aplicada à Paz (**Applied Peace Linguistics**).

Assim, no artigo "Teaching vocabulary for Peace Education" (*ESL magazine*, July/August, 2002) eu exemplifico 11 **techniques for humanizing vocabulary use**. Essas técnicas para humanizar o uso de palavras e expressões têm como princípio-chave a crença de que **language use is the most humanizing force**, ou, em Português, o uso lingüístico é a força mais humanizadora existente.

A rigor, precisaríamos usar o prefixo negativo **de-** antes de **humanizing**, para dar conta das opções comunicativas do ser humano, pois como usuários de línguas podemos usar esses sistemas tanto para o bem, quanto para o mal ou seja: **in humanizing or dehumanizing ways**. Por falar nisso, no subtítulo de meu livro de 2002 (veja Referências Bibliográficas), combinei as palavras **paz** e **comunicação**: **paz comunicativa**. Isso resultou de criatividade lexical.

Aliás, propus **communicative peace** em 1993, ao sentir que, na expressiva tradição de Ensino de Línguas (**com pelo menos 25 séculos de história!**) o paradigma **substantivo** + **adjetivo** "comunicativa", embora bastante explorado (competência **comunicativa**, intercultural, gramatical, lexical, lingüística, literária, etc.) não tinha sido aprofundado num nível que chamo humanizador: o da Paz comunicativa.

Após partilhar essas reflexões **diary-like**, deixo meu papel de **diarist** (**person who keeps a diary, a record of experiences and feelings**) e passo ao de exemplificador de como se poderia desafiar alunos a organizar seu vocabulário positivamente. Para isso, introduzo outro conceito-termo que cunhei: **positivizers**.

Veja que essa criação lexical resulta da aplicação da analogia: em Inglês há, entre os advérbios, uma categoria chamada **maximizers** (very, so, extremely, completely, perfectly). Aliás, o termo mais abrangente, para essa classe de advérbios é **intensifiers** (intensificadores). **To make a long story short**: criei **positivizers** para representar palavras e expressões que tenham a ver com ações e qualidades humanas positivas, dignas.

Depois de tantos anos de ensino, só vim a perceber a necessidade da distinção entre **Comunicar bem** e **Comunicar para o Bem** (**Communicating for the Good...**), quando comecei a integrar um pouco de Direitos Humanos, Educação para a Paz (**Peace Education**) e Psicologia da Paz (**Peace Psychology**) em minhas propostas pedagógico-lingüísticas. Mas e os exemplos, prometidos acima?

A lista de coisas que você pode desafiar seus alunos a fazer é bem longa. Eis algumas possibilidades didáticas: Diga aos alunos algo assim:

Organizem uma lista de **positive adjectives** (adjetivos referentes a **positive human qualities**) e usem cada um em contexto, em textos com diferentes funções: argumentar, descrever, expor, narrar. Descubram exemplos em suas leituras (**magazines**, **newspapers**, **Internet** sources, textbooks, encyclopedias, etc.) e em sua experiências como speakers, listeners, viewers… Recorram a seu dicionário e perguntem uns aos outros se sabem usar esses adjetivos positivos. (Aproveite para lembrar aos alunos que **we learn by sharing, we learn from one another…**).

Adjetivos positivos que seus alunos podem descobrir e passarem a usar ao se referirem a uma pessoa:

That is a/an _____ person.
  A **affable, amicable** (veja quantos **cognates**), **appreciative** (agradecida)
  B **bright, brilliant**
  C **careful, competente, cooperative, cordial, creative**
  D **dedicated, devoted, dependable** (confiável)
  E **effective, efficient, empathic**
  F **friendly, fluent, far-sighted**
  G **good, genial** (cheerful), **generous**
  H **happy, healthy, humble, hard-working**
  I **intelligent, inspiring, innovative**
  J **joyful, just**
  K **kind, kindhearted**
  L **likable, loyal**
  M **methodical, modest**
  N **nice, neat** (orderly)
  O **open-minded, obliging** (prestativa)
  P **patient, peaceful, peace-loving, prudent**
  Q **qualified, quiet** (tranqüila)
  R **ready, reasonable, realistic, respected, respectful**
  S **sociable, self-assured, self-confident**
  T **talented, tolerant, thoughtful** (que tem consideração pelos outros)
  U **understanding, unassuming** (modesta)
  V **vibrant, virtuous**
  W **warm, well-informed, well-intentioned, well-behaved**
  X **No entry found.** Não encontrei **positivizers** com essa letra.
  Y **youthful**
  Z **zealous**

Como você poderia trabalhar verbos positivos? Uma possibilidade está incluída no artigo citado, da *ESL magazine*: desafiar os alunos a usarem esses **positivizers** verbais em contextos difíceis de serem esquecidos, segundo a técnica **Thril (threefold repetition of the initial letter)**. Que verbos são candidatos naturais para inclusão nessa categoria especial?

Appreciate (ao manifestar nosso agradecimento a alguém, uma opção em comunicação positiva é **I appreciate it**), **agree**, **back** (**someone**), **care**, **cooperate**, **dignify**, **encourage**, **forgive**, **guide**, **help**, **maximize**, **optimize**, **PRAISE** (saber louvar, incentivar os alunos – criativamente – é uma competência humanizadora especialíssima, por isso, **do your best**), **strengthen**, **support**, **share**, **thank**, **understand**…

Mas, **back to the Thril technique**: eis algumas frases com verbos usados positivamente, extraídas da fonte acima ou criadas para este livro. Perceba que cada frase traduz um ou mais valores cívicos, éticos, morais, sociais, espirituais e, por sua natureza aliterativa, é mais facilmente armazenada e evocada:

A Advise and advocate rather than admonish.
B Be a peaceful bridge between Brazilians.
C Contribute to a culture of compassion.
D Defend democracy with determination.
E Express empathy and encouragement.
F Foster freedom and friendship.
G Generate goodness and generosity.
H Honor humanism and humanitarianism.
I Inspire interdependence and integration.
J Join the family of justice joyfully.
K Keep kindling your kindness to others.
L Let love be your light.
M Maximize mediation and meditation.
N Nourish and nurture non-violence.
O Opt for an original and optimistic vocabulary.
P Prepare yourself as a peace patriot.
R Respect and reassure, for reconciliation.
S Support and sustain solidarity.

T Teach in a spirit of tact and tolerance.
U Upgrade universal feelings of unity.
W Weigh your words wisely.

O que fazer, após a criação de frases como essas? Seus alunos podem criar minitextos em que desenvolvem a idéia contida em cada frase, um minidiálogo sobre o assunto, traduzir a mensagem sob forma mais explícita, traduzi-la para o Português, buscando um efeito equivalente (aqui, o desafio tem a ver com **criatividade tradutória**…).

O importante é aplicar o ensinamento de Celani e Moita Lopes, autores do inspirador volume PCN – *Língua Estrangeira* (1998, p. 99): "incentivo à criatividade […] permitindo situações de produção nas quais o aluno possa contribuir de forma mais atuante".

Deu para ter uma idéia de como seus alunos podem **positivize their English**?

See ya. Take care.

CriAtividade 12

Extraindo palavras de words

Uma das ludomaneiras de engajar sua turma em **language play**, ou, mais especificamente, em **word play**, é desafiar seus **criativ**ALUNOS a extrair palavras de **words**. No caso, descobrir **verbs** que têm a ver com esse processo maravilhoso: a **criatividade**. Vamos trabalhar – **let's get to work**, como se diria em Inglês, por isso exemplifico 12 possibilidades, indicando o total de palavras que estariam escondidas, à espera de mentes detetivescas... Claro que caberá a você, criati**fessor(a)**, acrescentar mais palavras e otimizar essa cri**atividade**. **Before I forget**: desafie seus **learners** a contextualizar cada palavra encontrada e, para motivar o grupo, diga aquela frase (quase) mágica: **Have fun**!

1. Find 11 words in create:

> eat, ate, tea, rate, cat, Crete (ilha grega...),
> re(regarding), react, crate, etc., cater

2. Find 7 words in invent:

> in, vine, inn, vet, ten, tin, vie

3. Find 8 words in combine:

> comb, mine, come, in,
> com (usadíssima na Internet, right?), cob, bone, on

4. Find 8 words in rephrase:

> phrase, rep (abreviatura de representative, Republican),
> rap, phase, pear, erase, peas, sea

5. Find 5 words in imagine:

> in, mine, game, gin, enigma

6. Find 6 words in transform:

> ant, form, smart, man, fans, storm

7 Find 3 words in pun (fazer trocadilho):

> UN (United Nations),
> nu (13th letter of the Greek alphabet), up

8. Find 12 words in brainstorm (em Português é fazer brainstorm mesmo ou fazer tempestade cerebral):

> am, ant, sit, start, brain, storm,
> arborist, marron, rain, aim, brat, an

9. Find 7 words in connect:

> CNN (television channel), net, con (convict),
> once, no, neon, non (negative prefix!)

10. Find 11 words in generate:

> ate, regent, rate, range, eat, net,
> gate, ET (extraterrestrial), gene, teen, grate

11. Find 5 words in coin (cunhar palavras):

> no, con, in, icon, on

12. Find 11 words in alliterate (aliterar, fazer aliteração):

> all, aerial, air, tear, ate, elite, literate,
> irate, lateral, real, attire

Aproveite a oportunidade para perguntar aos alunos que outros verbos, **in English**, fariam parte da família lexical referente à criatividade lingüística. Assim, além de **create, invent, combine, rephrase, imagine, transform, pun, brainstorm, connect, generate, coin** e **alliterate**, quais outras ações ativam a **creative competence** dos usuários de línguas? **Some tips** (algumas dicas): **rewrite, invert, reverse, read upside down, repeat** (repetir criativamente, sim...) e muitos outros.

Para concluir esta criATIVIDADE, uso um fecho diferente. **By the way**, em seus **chats** na Internet, que fechos criativos você e seus alunos usam e recebem? Exemplos: **sunniest regards, a creative hug, till we chat again** (em vez do tradicional till we meet again). E, para aplicar o princípio **Contribute to a creative closing**, saio do convencional e digo:

Creatively yours!

CrIAtIvIdade 13

Brincando de publicitário(a): criação de anúncios

Dentre as formas de expressar a criatividade lingüística, seus alunos podem ser desafiados a criar anúncios (**ads** ou **advertisements**). Meu *Random House Webster's Pocket American Dictionary* (1995) assim define **ad(vertisement)**: **A public announcement intended to advertise something** (p. 11). Em outra **pocket edition**, *The American Heritage Dictionary* (2001), lê-se: **A notice designed to attract public attention or patronage** (p. 13). Você acha que essas definições são adequadas para você?

Ao comunicar-se com seus alunos, em Inglês, por que não optar pela simplicidade? Veja como o *Cambridge Learners' Dictionary* (2001), explica **ad(vertisement)**: **a picture, short film, song, etc., which tries to persuade people to buy a product or services** (p. 22). Saber re-criar definições é uma das competências que se espera de professores de línguas, **right**? No ensino de Inglês, temos muitas fontes a escolher (tanto dicionários para usuários em geral, quanto para aprendizes).

Cabe a você informar seus alunos a respeito das opções existentes no mercado e, claro, enfatizar que, como aprendizes, devem exercer seu **right to choose**. Aliás, existe coisa mais gostosa (intelectualmente) do que **browsing around bookstores/bookshops** ou **browsing the Internet**?

Por falar em **browsing**, vale a pena dar uma olhada no que nos ensina o criativíssimo David Crystal, em sua **unique** *The Cambridge Encyclopedia of the English Language* (1995) sobre **Advertising English**. Segundo ele, a linguagem publicitária em Inglês apresenta algumas características que a distinguem de outras variedades do idioma: uso de palavras vívidas (**for example: new, bright**), sedutoras (**soft**), positivas (**safe**), bem como de superlativos (**best**). Aliás, por falar em adjetivos com sentido superlativo ou absoluto, em *Newspaper English* podemos encontrar usos do tipo **most unique**, **most perfect**.

Quer aprofundar-se no assunto? Consulte *Longman Grammar of Spoken and Written English* (1999): obra para pesquisadores. E, você, colega, como **advanced user of English**, claro que é **researcher** também.

Mas já é hora de **get to the point** (ir direto ao assunto) e desafiar os alunos a criar anúncios publicitários em Inglês.

Após meu **brainstorming**, na preparação desta CriATIVIDADE, ocorreram duas idéias:

1. Criar **funny ads**, com base em **puns** e outros recursos lingüísticos. Essas criações estariam relacionadas a coisas do dia-a-dia. Exemplifico, mas cabe a você, com seus alunos, em espírito de **sharing**, ampliar e dar o maior realismo à lista, segundo as percepções dos aprendizes (segundo a faixa etária, experiência, etc.):

▶ **A book ad**: The book that will turn the pages in your life. (Parece um **slogan**? Às vezes, a linguagem publicitária faz isso... **That's creativity!**)
▶ **A car ad**: The car to drive for thousands of Smiles. (Veja o jogo lúdico com **mile**, embutida em **Smiles**.)
▶ **A soup ad**: soupERB! (= **a superb soup**, sopa maravilhosa)
▶ **An elevator ad**: We never let you down. (Nunca deixamos você "cair" = na mão.)
▶ **An ice cream ad**: A matter of cold taste. (Uma questão de gosto frio...)
▶ **A church ad**: To pray will always pay. (Rezar sempre compensará.)
▶ **A creativity workshop**: Create and feel great!
▶ **A shampoo ad**: Washpower!
▶ **An art school ad**: How ART you? INNOvisit us! (Veja o uso de **art** em vez de **are** e a justaposição de **inno(vate)** e **visit**.)

Justapor palavras que não costumam andar juntas é um de seus talentos criativos e de seus alunos, de todos os **language users**. Basta criATIVAR esse processo cognitivo-lingüístico. Sua **gray matter** (cuca) vai gostar!

▶ **A diet ad**: The lighter side of your life.

▶ **A magazine subscription ad** (anúncio de assinatura de revista): **Life is worth reading.** (Observe o trocadilho com **Life is worth living**, vale a pena viver.)
▶ **An apartment for rent ad**: **The most livable place.**
▶ **Orange juice ad**: **Yours naturally.** (Ou: **Naturally yours.**)

A propósito do adjetivo **natural**: é uma das palavras que mais ajudam a vender. Desafie seus alunos a descobrir **words that sell in English**. Além de **natural**, **unique**, **complete**, **perfect**, **special**, **enriched**, **exclusive**, etc., sua turma pode se interessar em fazer uma pesquisazinha intercultural: comparação de **words that sell** em Inglês e Português. Por falar em nosso idioma, recomendo a leitura de *Publicidade: a linguagem da sedução*, da lingüista-jornalista Nelly Carvalho (Ática, 2002). Um **must**!

2. Criar **ads** com mistura de Inglês e Português ou vice-versa.
▶ **Ontem, (ou)vi na televisão: Venha fazer um test-drive.**
Outras possibilidades criativas?
▶ **The latest** palavra em perfume.
▶ O melhor desenho animado **made in Brazil**.
▶ O **best-seller** em literatura brasileira.
▶ **Help yourself** aprender Inglês.

Bom, **that's all folks**... Mas, antes de **move on** para outra cria**tividade**, eis um **slogan** americano, citado em *Words on words*, de David e Hilary Crystal (p. 275): **Early to bed and early to rise, ain't never no good if you don't advertise!**
Proponha à sua turma que faça uma tradução criativa e discuta o conselho dado...
Stay tuned. (Fique ligado[a]).

13

CriAtiVidade 14

Conjugar verbos, ludocriativamente

Lembro do tempo em que um dos requisitos do saber falar bem Inglês era saber recitar as partes principais de verbos irregulares. Terá saído de moda essa prática pedagógica? **I doubt it**. Consulte bons dicionários e encontrará uma **List of irregular verbs** (**infinitive** + **past tense** + **past participle**). Se eu sugeria aos alunos que decorassem as três formas verbais? **Sure...** mas dava este **bit of advice: use them in context**. Ainda sobre **to conjugate or not to conjugate**: e no ensino de Português a usuários de Inglês? Também se faz isso?

Claro que sim. Nesse caso, o desafio cognitivo-lingüístico aos aprendizes parece bem maior, dada a grande variação da flexão verbal em nosso idioma. Quer ver um exemplo de gramática recente de **Brazilian Portuguese for English-speaking users**? Consulte, do lingüista mineiro Mario A. Perini, *Modern Portuguese: a reference grammar* (Yale University Press, 2002). O primeiro **Appendix** se chama "Regular verbs (1st, 2nd and 3rd conjugation)"; o segundo se intitula "Irregular and anomalous verbs".

A propósito, você nunca teve a experiência privilegiada, prazerosa, de ajudar alguém a aprender Português, no caso, uma pessoa usuária de Inglês? Eu tive, como segunda língua, aqui em Recife e como língua estrangeira em Athens – University of Georgia – onde fui **Fulbright Visiting Professor of Portuguese** (1985-1986).

Aproveito para fazer um **commercial** intercultural: se você for convidado(a) a ensinar Português a **speakers of other languages**, não pense duas vezes: aceite o desafio. Melhor dizendo: valorize a oportunidade, pois irá versatilizar sua competência pedagógico-lingüística. Vai perceber que ensinar Português a quem fala/usa Inglês é o outro lado – também gostoso – da moeda comunicativa... Lembre-se de que você é bilíngüe. Por que não **make the most of it**?

Agora, vamos voltar ao assunto da conjugação em sala de aula e fora dela.

A mitologia também tem seu lugar ao sol, na história do ensino de línguas e do Inglês, em particular. Lembro de, na década de 50, ouvir coisas do tipo: "**Mandar conjugar verbos é contraproducente... faz mal... é perda de tempo para o aluno...**". Também ouvia afirmações dogmáticas **like these**: "**Não se deve mandar repetir, repetir... porque a repetição não contribui para a aprendizagem**". Mitos como esses estão bem vivos e vozes contrárias a essas idéias equivocadas merecem ser ouvidas, quando originárias de profissionais competentes, experientes e criativos.

Na ainda escassa literatura da área de Criatividade no Ensino de Línguas, destaco um livro importantíssimo, questionador de percepções e atitudes estreitas sobre conjugar, repetir, memorizar: *Language play, language learning,* do **applied linguist** britânico Guy Cook (Oxford University Press, 2000). A terceira parte desse precioso e provocador volume é centrada em **language learning**. Contém dois capítulos magistrais: "Current orthodoxies in language teaching" (as ortodoxias ou crenças atuais no ensino de línguas) e "Future prospects for language teaching" (Possibilidades futuras no ensino de línguas, ou, mais concisamente: o porvir...).

Das seções desse capítulo, destaco a bem argumentada denúncia de Cook, "Negative atitudes to play" (acredite se quiser, colega: há quem tenha atitudes negativas em face do lúdico!) e a listagem, comentada, "Advantages of the play element in language teaching". Nela, o autor explicita nove benefícios do componente lúdico no ensino de línguas. Como seria bom se essa enumeração fosse lida e discutida por todos os professores de Inglês: equivaleria a uma vacinação em massa, para o bem da criatividade dos aprendizes.

Para não dar a impressão de que estou querendo fazer uma **book review**, concluo com uma breve afirmação/convicção de Cook, a qual endosso **wholeheartedly**: "**A play element would reinstate rote learning, repetition, and recitation in enjoyable learning strategies**" (p. 197).

Essa apologia do reintroduzir-se, no ensino de línguas, a imitação, a repetição e a recitação, de maneira útil e agradável pressupõe o cultivo da criatividade didática.

Voltemos a falar sobre **conjugação verbal**: será que você, colega, ao refletir sobre **conjugar**, não sente uma interferenciazinha cognitiva que o(a) faz pensar em con**julgar** e, a partir daí, **julga** negativamente essa atividade, sem dar uma chance à sua criatividade docente? **British rock composer** John Lennon (em co-autoria com Paul McCartney), nos deixou uma belíssima canção, intitulada "Give peace a chance" (1969). Podemos parafraseá-la e dizer **Give creativity a chance**, no ensino de Inglês. Em vez de perpetuarmos uma tradição negativista que se opõe a processos que envolvem memorização e repetição, empenhemo-nos em criar **novas maneiras adequadas**, **eficazes** de ajudar os alunos a **memorizar as regras de conjugação verbal**.

Como combater a mitologia existente a respeito desses **ways of learning**? Criando (co-criando, com os alunos) **new ways of teaching**, observando os resultados dessas inovações, tudo no espírito de **creative courage for change**.

Por falar em **creativity**, recomendo a releitura, atenta, aprofundada, da inspiradora epígrafe de **Sidney Parnes**, logo no início deste **(re)source book**.

Ali, o grande psicólogo-educador americano nos lembra de que precisamos compreender o imenso – infinito – potencial criativo de cada pessoa e de que é decisivo em nossa vida (comunicativa, inclusive!) sabermos perceber oportunidades e possibilidades nas coisas que nos desafiam... Neste caso, no ensino-aprendizagem de Inglês!

Mas, voltemos à questão pragmática: como ajudar os alunos a trabalhar listas de verbos irregulares em Inglês? Eis algumas possibilidades – exemplos para que você sinta algo assim: **I'm beginning to see the light** – e, com Criativintensidade, enriqueça seu Banco de **Criativ**idéias...

Imaginemos que alunos principiantes lhe perguntem o que fazer para **memorize/learn** by **heart/commit to memory** (conhecia as três maneiras de dizer a mesma coisa?) o que, antigamente se chamava **Principal parts of irregular verbs**.

Sugestões (a serem complementadas, aperfeiçoadas, aprofundadas, otimizadas... por **você**):

1. Mostre como a lista desses verbos pode ser subdividida em grupos menores, segundo alguns critérios:

- **shared sound(s)** – sons partilhados.
- **shared spelling** – grafia partilhada. No caso, esses agrupamentos

serão identificados de maneira criativa, para que a mente dos alunos construam elos associativos. Veja que recorro à música, como aliada da mnemônica.

Para começar, minilistas:

▶ **The -aught duet: caught, taught** (os dois verbos têm mesma forma no pretérito perfeito e no particípio passado).
▶ **The -et trio: bet, let, set** (os três verbos repetem a forma do infinitivo).
▶ **The c-trio: cast, cost, cut** (os três verbos repetem a mesma forma do infinitivo e começam com c).
▶ **The -ought quintet: bought, brought, fought, sought, thought.**
▶ **The -an/-un sextet: begin, drink, ring, shrink, sink, spring** (verbos com past tense em an e past participle em un).
▶ **The threft orchestra**: 12 músicos e um maestro que repetem a forma do infinitivo e todos terminam em t: **bet, burst, cost, cut, hit, let, put, quit, set, shut, split**. O significado de **threft**? **Threefold repetition of final "t"**. Assim: **bet, bet, bet; put, put, put,** etc.

2. Outro critério: verbos agrupados segundo a ação comunicativa a que estão relacionados. **Thus**, se considerarmos **communication**, poderíamos criar este grupinho: **hear, read, say, speak, tell, understand, write** e chamar o conjunto de **The communication septet**. Claro que, se você for **crazy about westerns** e curtir mesmo cinema, irá se lembrar de um bang-bang clássico: *The magnificent seven* e poderá querer chamar aqueles sete verbos de *Os sete magníficos*. **Actually**, aquele filmão de 1960 foi um **remake** (refilmagem) de *The seven samurai*.

Experimente reunir alguns verbos, segundo a categoria **verbs of motion**, ou agrupe-os como **verbs referring to food**.
Nesta cri**atividade**, mencionei que, ao lidar com o processo cognitivo-lingüístico de conjugar verbos, costumava aconselhar os alunos a **conjugate in context**. Nesse caso, desafie a turma a criar minidiálogos a serem **acted out in class**, nos quais sejam usadas as três formas do verbo irregular. Criar diálogo, na era do **real English**, em que às vezes se proclama **Viva a exemplificação autêntica**?

Why not? Aliás, o que é criado pela mente de seus alunos não poderá ter **memorability and meaningfulness**? Precisamos pesquisar isso, em vez de simplesmente fechar a porta para a criação de exemplos (seus, colega, e de seus alunos). O supracitado Cook trata muito bem desse mito, por isso, volto a recomendar a leitura daquele **inspiring, provocative** volume.

Um exemplo de **two-person dialogue** criado por alunos, para memorização contextualizada de formas verbais irregulares:
A says "Let me see it".
B (rather surprised) **replies "Haven't you seen it?**
A hesitates and says: Well… yeah… I remember now: I saw it last year.

Muitos verbos irregulars poderão ser usados na situação acima. Aliás, no desafio, os alunos criariam também um título.

Essa conversaçãozinha pode soar artificial, mas se fizermos um balanço de nossas experiências comunicativas, iremos lembrar de situações semelhantes, em que nos esquecemos de ter feito algo e, quando cobrados, admitimos o fato.

A memorização pode ser feita em texto não-conversacional também. Exemplifico:
▶ **I saw it. (Someone) saw it, too. You see… we've seen it.**
▶ **I went there. Mary went there, too. You see… we've been there.**

Criatividade no ensinar e aprender Inglês é ser criativo(a) no contextualizar. Por isso, aplique o princípio (mnemonicamente formulado, com a letra inicial c):
Communicate creatively in context.
Ou, in other words:
Create communication in context.
E mais uma alternativa:
Contextualize your communication creatively.

See what I mean? Até nosso próximo **criativ**encontro ou con**crivívio** (convívio criativo). Em Inglês? **Cre8tive experience…** Desafie sua turma a criar outra expressão!

Cri**A**ti**v**idad**e** 15

Binomializando ou brincando com binomial phrases

Se, ao ler o título, você ficou com vontade de me perguntar: **What do you mean by that**?, tem toda razão. Recorri à terminologia que a gente encontra em boas gramáticas de Inglês. Assim, na monumental *A comprehensive grammar of the English language*, de Randolph Quirk *et al.* (Longman, 1985, p. 971), aprendemos que: "**Binomials are relatively fixed phrases having two members, e.g. (Latin: exempli gratia, equivalent to for example), cup and saucer**".

Se consultarmos o **Glossary of Terms** na utilíssima *Longman student grammar of spoken and written English*, de Douglas Biber *et al.* (já citado, p. 455), ficaremos sabendo que **binomial phrases are two words from the same grammatical category coordinated by and or or**: black and white, presence or absence.

Os autores dessa gramática pedagógica dão exemplos de expressões binomiais como:

◆ verb and verb – **go and see, come and help, wait and see, try and put**.
◆ noun and noun – **mum and dad, men and women, bread and butter**.
◆ adverb and adverb – **there and then**.

Antes de passar **from theory to practice**, uma reflexão sobre o uso de termos técnicos: terminologia gramatical, lingüística, etc., pode ajudar o professor a perceber significados, usos, formas do Inglês, mas, ao desempenharmos o papel de explicadores, sejamos parcimoniosos no uso de termos como **binomials**. Usar terminologia impressiona? **I wonder...** Acho mais produtivo **criar** explicações que ajudem de fato os alunos, como usuários de Inglês.

Keep terminology to a minimum, seria o conselho. Afinal de contas, o que nossos estudantes de Inglês querem mesmo é **learn to use the**

language. Se você puder utilizar terminologia técnica somente quando necessário e desafiar-se a explicar criativamente, tanto melhor para **you and your students**. No caso de **binomials**, valeria a pena cunhar designações mais simples e, **why not**?, pitorescas: expressões do tipo **feijão-com-arroz** (ou **arroz-com-feijão**, porque a ordem das palavras pode ser invertida, em Português).

Que esse tipo de combinação de palavras é de importância estratégica para o desenvolvimento da compreensão e da produção em Inglês, **no doubt about it**, por isso, que tal você desafiar seus alunos a explorar essa parte de sua mina mental lexical, criativamente? **That's the goal** a atingir. **Ready to go into practiceland**?

Nos exemplos a seguir, veja que tipos de **word pairs** foram escolhidos, quais os possíveis efeitos comunicativos nos alunos (**make them laugh** é um desafio à parte), que assuntos poderiam render mais do ponto de vista comunicativo, que tipos de rimas ativar, que título dar a cada quadrinha rimada, etc., etc. Estimule, em sala de aula, uma **shared crea(c)tivity**; incentive, **provoke co-learning, co-creating**…

Onde encontrar inspiração para temas, tópicos, palavras-chave a serem sugeridas aos seus **criativ**alunos? Visite a Internet e, claro, sua **school library** (sempre um lugar muito especial para a formação do ser humano!). Se você estiver iniciando sua carreira profissional como **teacher of English**, recorra a colegas com **matura… idade** (**pardon my pun…**).

Exemplos de **playing with word pairs**: (a última linha pode ser supreendente, cômica, bizarra, etc. Lembre-se de que os criadores estão **having fun** comunicativamente).

1. North and South
   East or West
   Nose and mouth
   Take a test!

2. Talk and write
   Pray or preach
   Wrong or right
   Can you teach?

3. Big and small
   High or low
   Door or wall
   You're too slow!

4. Near or far
   Sweet or sour
   Bus or car
   Now's the hour

5. Here and there
   Up and down
   When and where
   Your home town?

6. Good or bad
   Drink or eat
   Glad or sad
   Have a seat!

7. Young or old
   Night and day
   Silver or gold
   What to say?

8. Where and when?
   How and why?
   Now and then
   Oh, me… Oh, my!

9. Bring or take
   Street or lane
   Buy or make
   Take a plane!

10. Try and find
    Old and new
    Brain or mind
    What to do?

11. Come and go
    Win or lose
    Do or know
    Time to choose!

12. In or out
    Off and on
    Say or shout
    Oh, come on!

Para concluir, resumo a idéia inspiradora desta lud**atividade**:

To words combine
Have lots of fun?
Yours after mine
Two before one

Viu a ordem inversa na primeira linha? Percebeu a seqüência inesperada, na última linha? **Surprising, isn't it**? Coisas da **criativ… Idade**.
Binomializar um pouquinho mais, inspirando-nos na Epígrafe de Sidney Parnes?

Create and translate
Wrong to right
Impossible to possible
With mind and might!

See ya.

CRiAtividade 16
Palavracruzando: fazendo palavras cruzadas

Como dizer o título em Inglês? **Crossword puzzling** ou, mais convencionalmente, **doing crossword puzzles**. Digo **doing**, se você e seus alunos forem apenas **puzzlers** do tipo consumidor, ou para usar o termo mais psicológico, **solvers** (solucionadores); mas diria **making** se houver criação. Acho que, em sala de aula, seus alunos podem muito bem realizar os dois atos: *doing* and *making* crosswords.

Quer usemos **crossword puzzle** ou simplesmente **crossword**, o assunto é **fascinating**, ou, para exercer meu direito de cunhar palavras em Inglês: **fun**cinating. O criativíssimo colega britânico David Crystal, em seu imperdível (**a must!**) *Language play* (já citado), conta um pouco da história das palavras cruzadas (sabia que em espanhol se chamam **crucigramas**?). Segundo ele, a idéia desse **word game** teria surgido em 1913, quando um jornalista do dominical *Sunday* (Nova York), brincando com o **word square**, genializou, imaginando **words across** diferentes de **words down**.

P atiently
U sing words with
Z est and
Z igzagging with
L anguage for
E ntertainment

Isso me levou a consultar dicionários para saber quando essa palavra **crossword** teria feito seu **debut** (ou **début**) em **written English**: a partir de 1910, segundo o *Random House Webster's College Dicionary* (1995, p. 316). Percebeu que usei um dos **borrowings** (empréstimos) que o Inglês fez do Francês? Língua que muito empresta e que muito toma emprestado: **that's the English language!**

Dê uma olhada em dicionários grandes, chamados **unabridged** (o maior em uma família lexicográfica), como o famoso *Oxford*, e encontrará muitas palavras nossas referentes a nomes geográficos brasileiros ali incluídos. Moral da história: é um **give-and-take**! Para quem quer ver como palavras e expressões inglesas enriquecem nosso acervo lexical – como **empréstimos** – consulte o pioneiro *Guia de uso do português*, de Maria Helena de Moura Neves (Unesp, 2003). Ali, encontramos

> **deadline, delivery, download, drive-in, feedback, feeling, ghost-writer, hot money, palmtop, Web, workshop**, etc.

Antes de terminar essa digressãozinha, lembraria que pessoas têm data de nascimento (**birth date**), mas palavras e expressões têm **datação** (em Inglês? **Word origin/history**).

O significado de **crossword** (**puzzle**)? Um jogo-desafio apresentado sob forma de quadrados numerados, dispostos vertical ou horizontalmente, a serem preenchidos (cada qual com uma letra) segundo clues (dicas). Pensando bem, definir é um desafio criativo cognitivo-lingüístico imenso, especializado, por isso, deixemos que os dicionaristas façam isso por nós. Assim, **look up your dictionary**!

Mas, **on second thought** (pensando bem...), será necessário? Quem, numa sala de aula, nunca viu palavras cruzadas? Aliás, basta ir até a esquina: na **newstand** (americanismo cunhado em 1870), os cruzadistas encontrarão revistas para todo tipo de **crossword enthusiast**. Acesso a cruzadas em Inglês? Boas **bookstores** poderão satisfazer seu apetite ludocruzadístico ou, claro, a **Internet**. Com muita paciência e proveito, faça uma busca por **crossword puzzles** e, **voilà** (outro empréstimo do Francês ao Inglês), um mundo de informações visuais e textuais estará à sua disposição. No dia em que estava digitando esta cri**atividade**, acessei as **crossword puzzles** do jornal *USA Today* (www.puzzles.usatoday.com) e, com cara, coragem e criativ(a)**idade**, me desafiei a resolver o problema. Resultado: recebi do computador a simpática mensagem: **Congratulations! You solved the puzzle**.

Esse passatempo ludolingüístico e cultural é tão especializado que, na Web, você pode aprender a avaliar seu desempenho como **puzzler** segundo diversos critérios: quantas palavras adivinhou, quanto tempo levou… Uma das coisas que valem a pena aprender – **the vocabulary of crossword puzzling: up/down, across, clue, verticals/horizontals…**

A esta altura você deve estar querendo ver uma **crossword** criada especialmente para este livro, por isso, **here it is**. Uma minicruzadinha, centrada na letra **b**. Tipo bem simples, sem numeração; apenas dicas.

Clues

Across:
Its capital is on the central plateau.

Down:
Its capital is Brussels.

Backwards (de trás para frente):
Its capital is "peace", in Spanish.

Up:
Its capital is Bujumbura.

Veja que essa **mini cp (mini crossword puzzle)** é **simple and systematic**. Por quê? Está centrada no mesmo tema (**countries**) e suas dicas têm redação semelhante: **Its capital is…**

Como **beginners**, esse tipo de desafio cruzadístico **works. Teaching is an engaging crea(c)tivity** e tem duplo objetivo: **aprender fazendo** e **aprender criando**, pois os estudantes **have a lot of fun** preparando suas próprias minicruzadinhas para se desafiar intergrupalmente… **See my point?**

The **solution** ao puzzle acima? **Too easy for you:**

> Brazil, Belgium, Bolivia, and Burundi.

Visualmente, ficaria assim:

Cabe a você e a seus alunos escolher os temas para criação desses **mini, instant word games**. A seguir, mais exemplos, sem resposta visual, pois sua mente pode fazer isso magnifica**mente**:

◆ Uma **mini cp** centrada em **book**. Todas as palavras iniciadas com **c**: **cover, contents, chapters, copyright**. Desafie sua turma a redigir as **clues, in English**.
◆ Mini cp centrada em **parts of the body. Every word beginning with an h: heart, hands, head, hip**.
◆ Mini pc inspirada em **peace. All words have initial p: peace, piety, pity, prudence**. Este desafio é bem maior, para **advanced learners, maybe**? Em vez de fornecer as **clues** completas, peça aos alunos que completem. Assim, eles contribuem também para as dicas.

Backwards: d_____ to God (Ou: dev_____ to God)
Down: sym _____ and so_____ (Ou: sympa_____ and sor_____)
Upwards: tol_____ (Ou: tole_____)
Across: C_____ (Ou: ca____)
Solution to clues: **devotion, sympathy and sorrow, tolerance, calm**.

◆ Seus alunos gostam de brincar de turistas? Que tal uma **mini cp centered on cities**?

Eis as quatro cidades, todas com **L**: London, Los Angeles, Lima, La Coruña.

Dicas para **clues**? Use seu dicionário mental, ou recorra a um desses maravilhosos instrumentos auxiliares, **creative sources and resources for creative creatures: you and your students**.

Ao propor essas **mini crossword puzzles**, você pode dar desafios do tipo: **They're above and below us. What are they?**

Palavras para esse **word game**: **skies**, **starts**, **sun**, **seas** (todas com **s**).

Com **very bright**, **advanced students** (sempre encontramos esses alunos, **right**?), você pode propor **more demanding challenges**, do tipo:

◆ Complete as dicas e descubra verbos referentes às ações de inventores. Todos esses **verbs** começam com **p**: **pioneered**, **proposed**, **perfected**, **proved**, **predicted**, **postulated**, **patented**... Leia biografias de grandes cientistas, inventores, em Inglês, e certamente encontrará verbos como os listados acima. Há outros, com inicial **i**: **invented**, **innovated**, **improved**... E, claro, com **c**: **constructed**, **created**, **classified**, etc.

Para uma **crossword puzzle** do tipo médio, veja a sugestão a seguir:

CROSSWORD PUZZLE

A crossword puzzle centered on creativity: **verbs**.

O modelo abaixo é mais simples que a crossword convencional: desafia os alunos a descobrir verbos referentes a ações criativas. As palavras estão dispostas apenas horizontalmente, mas tanto para a esquerda quanto à direita... Assim, há duas seqüências: **across** e **backwards**.

O puzzle pode ser apresentado integralmente ou seletivamente, dependendo do grau de desafio que você queira propor à sua turma. Quanto às **clues**: cabe a você criá-las, com o auxílio de dicionários. **Remember: use clear, concise English**.

Como essa tarefa ludolingüística enfoca verbos ligados à criatividade, talvez você queira desafiar um pouco mais seus alunos – principalmente os mais adiantados – pedindo que usem cada verbo em contexto adequado.

```
E G N A H C O M B I N E
M R O F E R E W R I T E
D N E T X E X P L O I T
        D D A D V A N C E
    N R U T W I S T
    R E F N I M A G I N E
    Y R A V E N T U R E
L E P M I N V E N T
    P O T E A C H
E K O Y I E L D
```

Words used:
Line 1: change, combine
Line 2: reform, rewrite
Line 3: extend, exploit
Line 4: add, advance
Line 5: turn, twist
Line 6: infer, imagine
Line 7: vary, venture
Line 8: impel, invent
Line 9: top, teach
Line 10: yoke, yield

Antes de encerrar, deixo este conselho: **Create your own crosswords...**
It's educational, entertaining, energizing...

Thanks for your continued interest, creative colleague!

CriAtiVidade 17
Acrosticando além do tradicional

Dentre os tipos de **language play**, destaca-se **the acrostic**, por ser uma criação ludolingüística encontrada na literatura. Assim, o poeta Inglês John Dryden, em sua obra *MacFleknoe* (1678, p. 203), refere-se a uma **Acrostic Land**. Em seu *Language Play* (já citado), David Crystal dedica quatro páginas a **acrostic poetry**. Informa que Lewis Carroll criou vários acrósticos poéticos, um dos quais inserido no fim do livro *Through the looking-glass*.

O que é um acróstico? Um jogo no qual podemos criar palavras a partir da letra inicial das linhas de um pequeno texto. Há acrósticos mais desafiadores: baseiam-se nas letras inicial, medial e final das palavras. E claro, há os acrósticos especiais, fruto de **our creativity as teachers**, colega, como exemplificarei mais adiante.

Exemplo do acróstico mais simples

A creative
C ommunication for
R eading,
O ften a
S entence that
T reats an
I nteresting
C oncept

O **acrostic puzzle** acima, em Português: uma comunicação criativa para leitura, freqüentemente uma frase que trata de um conceito interessante.

A solução acima é apenas uma, dentre várias possibilidades, dada a imensa flexibilidade cognitiva do ser humano. Assim, em vez de **often**, poderíamos imaginar **organized**, **orchestrated** (**music-lovers** certamente sugeririam esse verbo...) com os devidos ajustes sintáticos na frase: **organized as a**, **orchestrated as a**… Em lugar de **treats**, alguém da turma poderá sugerir **translates**. O adjetivo **interesting** poderia dar lugar a outros: **intelligent**, **innovative**, **insightful**, **ingenious** (um **false cognate**: significa **creative**, e não ingênuo como poderia parecer). O equivalente, em Inglês, de "pessoa ingênua" é a **naive person**, mas é bom lembrar que se pode dizer também **ingenuous person**, mas soa um tanto formal, erudito.

Por falar em palavras que se parecem, em Inglês e Português, que livros sobre essa importante dimensão do léxico ocupam lugar de destaque em sua **specialized shelf**? Faço questão de recomendar o volume: *Dicionário de palavras que enganam em Inglês*, de Ulisses Wehby de Carvalho, publicado pela Campus.

Mas, **back to acrostics**, eis outros exemplos para que você veja como essa brincadeira pode render dividendos para os aprendizes, como **users of English**. A variedade de temas a serem trabalhados é imensa e dependerá, em parte, dos interesses de seus alunos. Imaginemos que dentre as preferências temáticas estivessem **The Earth**, **The Environment**, **Geography**, **Sports and Games**, **Science and Technology**…

Que palavras escolher, dessas categorias, para desafiar a turma duplamente? Sim, **a dual challenge**:

1. **guess the word for the acrostic; and**
2. **solve the puzzle.**

Assim, primeiro os alunos adivinhariam cada palavra escolhida por você e, em seguida, solucionariam o acróstico, em minigrupos. Exemplos do primeiro desafio: **The word rhymes with "mile". It's the longest river. It's in Egypt. What word is it? Guess**! Esse acróstico facílimo de adivinhar é **Nile**.

Outros exemplos:

- It changes during the year. We talk about it when it's too hot, too cold… What is it ? Weather.
- It is a key-word in business, in buying and selling. What is it? Money.

Compete a você criar definições acessíveis, adequadas para seus alunos ou, **why not**?, desafiar um grupo a definir, outro grupo a adivinhar e um terceiro grupo a solucionar.

São três desafios minigrupais a engajar o grupão. **Lots of fun for everybody, right**?

Para contribuir ao seu repertório de acrósticos didáticos, aqui vão mais algumas sugestões, com solução **brainstormed** especialmente para esta interação com você, colega. **It goes without saying** que as melhores soluções são as criações dos alunos e que eles devem ser convidados a opinar sobre as mais originais, inusuais, surpreendentes, engraçadas, absurdas, **and the like**.

L ike someone
O vertly
V astly and
E nthusiastically

M eans
O ften
N eeded in
E xchange for
Y es

Y oung people (or Youngsters)
O ften
U nite to
T alk about
H aving fun (or Happiness, Hope, Honesty, Harmony, Honor, etc.)

No início desta cri**atividade**, mencionei a maravilhosa flexibilidade cognitiva de que dispomos. **I should add** também a flexibilidade didática de quem ensina, pois só professores são capazes de flexibilizar tarefas, segundo critérios diversos, um dos quais, **degree of cognitive-linguistic challenge** proposto aos alunos. Em minha vida profissional, como professor de Inglês, vivi sempre **looking forward to** livros que oferecessem **alternate ways of teaching** (especialmente usos de construções da língua), mas, pensando bem, eu estava **daydreaming** porque isso faz parte da responsabilidade criativa do(a) professor(a).

Assim, **flexing** (**flexibilizing**, para exercer meu direito ao uso criativo do Inglês) **your teaching**, constitui mais que um duty: é um dos seus teacher's rights. Na **CriATIVIDADE 20** a gente vai conversar um pouco sobre essa importante dimensão do Ensino de Línguas (**actually, about Learners' Rights and Teachers' Rights**), por isso, aguarde.

Como estamos na Flexilândia, que tal refletir sobre outras maneiras de se trabalhar acrósticos **in the classroom**?

Você pode criar **linked acrostics**, acrósticos conectados, do tipo **double link** (elo duplo) ou **triple link** (elo triplo ou tríplice). Exemplos:

W e	**H** elp
O rganize (or **O**perate) our	**E** xport
R esources and	**L** ots of Brazilian
K knowledge to	**P** roducts

Esse tipo de acróstico pode contribuir para maior engajamento comunicativo dos alunos: o desafio é **make them talk more**, principalmente sobre a realidade em que convivem.

Passemos ao **triple link acrostic**: três acrósticos interligados, resultando numa mensagem mais extensa. Assim, o aluno sai da prática de frases isoladas, para unidades comunicativas mais extensas. Afinal, **we live inside the act of discourse** (vivemos em atos de discurso), como sabiamente escrevou George Steiner, em seu inspirador *Language and silence: essays on language, literature, and the inhuman* (Yale University Press, 1967).

Exemplo de triple link acrostic:

L earning	**P** ersonal/professional	**G** ood
E nglish is	**L** ife now	**R** elations with
A ttractive and	**A** nd for	**O** thers in the
R elevant for your	**Y** our	**W** orld
N eeds in your		

A mensagem resultante é: **Learning English is attractive and relevant for your needs in your personal/professional life now and for your good relations with others in the world.**

Falar de **international relations**, **crosscultural (intercultural) relations**, me faz lembrar que ensinar Inglês criativamente é também criar situações através das quais os alunos aprendem a cultivar **intercultural awareness** – percepção intercultural.

Essa área, importantíssima, deveria integrar todos os programas de **teacher education**, ou, como diríamos em Português: formação de professores. Por isso, sugiro a leitura do capítulo "Intercultural communication", de Claire Kramsch, no indispensável *The Cambridge guide to teaching English to speakers of other languages*, organizado por Ronald Carter e David Nunan (Cambridge University Press, 2001). Nesse excelente **state-of-the-art volume** (30 capítulos de autoria de **TESOLers and applied linguists**), **creativity** aparece três vezes no capítulo "Writing, language awareness and task-based language learning". Se considerarmos a importância da criatividade no ensino de línguas em geral, e do Inglês em particular, isso é muito pouco, mas a literatura **sobre creativity in the teaching of English** certamente irá crescer, tanto internacional quanto nacionalmente. Aliás, escrever este livro-quase-diário resultou, em parte, da necessidade de preencher uma lacuna entre nós.

Falando outra vez sobre acrósticos: para inspirar-se mais, como **acrostic creator**, pesquise **"acrostics" on the Web**. Lá você poderá encontrar mais informações úteis para seu **creative teaching of English**. Depois de tanto conversar sobre acróstico, concluo com mais um:

B righten
Y our
E nglish

CrIAtIvIdade 18
Mudando o mundo... dos avisos e sinais

Se eu quisesse resumir esta nova conversa com você, colega, poderia traduzi-la para o Inglês: **Creativity calls for constructive change**, ou, em tradução equivalente: **A criatividade pressupõe mudanças construtivas**.

Essa crença tem alicerçado minha vida profissional, desde que comecei a relacionar Criatividade e Ensino de Inglês, há uns trinta e poucos anos (nunca são **muitos**, quando se trata de ajudar na educação de nosso "próximo lingüístico", **right**?).

Mas, você poderá estar **wondering**, qual será a intenção comunicativa do autor, com o título acima? Mudar o mundo? **Change the world**? Nosso mundo interior e exterior? **The world inside and outside our mind**?

No encontro da Creative Education Foundation, primeira semana de fevereiro de 2004, em San Diego, Califórnia, a palavra que mais ouvi foi change. Claro! Quem cria, recria, constrói, combina, recombina, forma, reforma, transforma, ou, para fazer **word play in English**:

Re–create (seria mais que **recreate**), **re–form** (ir além de **reform**), **trans–form** (ultrapassar **transform**). Mudar o mundo, através do ensino de Inglês? Proposta ousada, corajosa, utópica, mas, **to some extent**, desejável... Afinal, como educadores lingüísticos/ **language educators** somos co-responsáveis pela qualidade da vida comunicativa. **Are we agreed on that**? Uma vez de acordo, o que podemos fazer para ajudar nossos alunos a mudar o mundo... ludolinguisticamente?

A lista de coisas seria imensa, **open-ended** e você, colega criativíssimo, saberá acrescentar outras propostas pedagógicas, adequadas às múltiplas inteligências (**multiple intelligences**) de seus alunos. Dito isso, partilho duas sugestões para seu trabalho como **change agent in the classroom**. Mudar o quê, no mundo comunicativo em que convivemos? **The world of signs...** o mundo dos avisos, cartazes, sinais a que extamos expostos, real e virtualmente, como viewers que somos, além de **speakers, listeners, readers, and writers**.

Acima, enfatizei que criar é mudar, construtivamente. Poderia ter desenvolvido mais a aliteração com c, dizendo: **creativity in teaching English calls for a constructive, comical change**. O adjetivo **comical** pode significar **funny in a strange or silly way** (**look up the** *Cambridge Learner's Dictionary*, 2001, p. 131), ou seja, ao criativar seu Inglês, um(a) usuário(a) desse idioma pode muito bem criar efeitos cômicos, inesperados, absurdos, ou bizarros...

Aliás, quando se faz **brainstorming**, na busca de idéias férteis, fecundas, inspiradoras ou de **breakthroughs**, a regra do jogo é: quanto mais inusitadas as sugestões, mais próximos poderemos estar de **creative solutions** para o problema focalizado. Assim, nesse espírito de ludolinguisticamente criar mudanças no mundo visual, ofereço dois tipos de desafios para sua consideração e uso, se julgá-los adequados, atraentes (**learning English should be enjoyable**) e, above all, partilhados em minigrupos (duetos, trios, quartetos, quintetos de alunos, etc.).

O primeiro tipo de desafio tem a ver com mudar o mundo de sinais, acrescentando um comentário inesperado, inusitado, de realização impossível, tudo isso com o espírito de **using English creatively for a comical effect**.

O segundo tipo de desafio tem um objetivo diferente, a meu ver, indispensável no mundo de tanta violência comunicativa em que interagimos com as pessoas. Assim, ao propor dois tipos de desafios: um para criação de efeitos comunicativos cômicos e, outro, para **creative humanizing communicative effects** – efeitos comunicativos humanizadores criativos – estaremos pensando em mudar **brincando** e mudar **brincando seriamente. In short**, engajando os alunos em **language play** e em **humanizing language play**.

Quem **cria** o script é você, colega, mas me permita sugerir esta mensagem, ao introduzir o primeiro desafio: **Como vocês mudariam alguns dos avisos e sinais no mundo visual**? Todo mundo é criativo, mas e o lado **cômico, inesperado, absurdo** da comunicação?

Para cada texto (aviso, sinal), em **pairs, minigroups** (**duets, trios, quartets, quintets**...), você vão acrescentar algo que **trans–forme** a mensagem original.

A lista seguinte é para seu uso seletivo, colega. Exerça seu duplo direito: **the right to choose and the right to create other items**. Uma sugestão: procure dicionários visuais (**visual dictionaries**) em **libraries**, **bookstores**, etc. Houve notável desenvolvimento dessa área, desde o tempo dos pictorial dictionaries... Atualmente, encontramos dicionários visuais monolíngües, bilíngües, trilíngües, plurilíngües...

Nos exemplos abaixo, explicito o contexto, para assegurar a compreensão intercultural.

CHANGING WORLD SIGNS...

Sign 1
Where? Front door of a store
Text: **Part time help wanted** (Procura-se, para emprego em tempo parcial)
Addition to text: Party time help wanted

Nesse caso, houve um acréscimo mínimo: **part** se transforma em **party**, dando à frase outro sentido: Procura-se, para emprego em uma festa, durante uma festa.

Esse subtipo de **change the sign** é fácil de criar, por isso, **mãos à obra** ou mãos na cuca. Incentive o maior número de mudanças no cartaz: deixe que a turma avalie o grau de comicidade, originalidade, inventividade das respostas. Claro que, se puderem fazer isso **in English**, tanto melhor, mas lembre-se de que, para principiantes, **language mixing é uma inevitabilidade criativa**, por isso, seja compreensivo(a), colega e respeite o direito que os alunos têm de mesclarem as duas línguas, quando não puderem se comunicar só em Inglês. Essa questão é provocadora, por isso, volto ao assunto no **CriATIVIDADE 20**.

Sign 2
Where? At a shoe repair
Text: **Shoe repair while-you-wait**
Addition: Shoe repair while you walk in the Mall (enquanto você passeia no Shopping)

Sign 3
Where? Drugstore (na Inglaterra: **chemists's**)
Quer saber mais sobre diferenças de vocabulário entre **American English and British English**? Veja o livro de Martha Steinberg, *Inglês americano x Inglês britânico* (Disal, 2003). Um **must**!
Text: We're the end of your ills (Acabamos com seus males)
Addition: ... Get the right pills

Sign 4
Where? Inside door, in a supermarket
Text: No admittance
Addition: Unless you admit to wishing you worked here (A menos que admita ter vontade de trabalhar aqui)
O uso de **unless**, **except when**, pode ser produtivo nos acréscimos.

Sign 5
Where? An organization or business (an establishment)
Text: Drive-thru
Addition: And come back when you're through (E volte, quando acabar o que veio fazer)

Sign 6
Where? Road sign
Text: No U turn
Addition: Unless YOU are driving

Sign 7
Where? Country roadside
Text: Cattle crossing
Addition: Please stop and ask: Cow are you? (Veja o trocadilho: **How** muda para cow.)

Sign 8
Where? Public park
Text: Keep off the grass
Addition: Nature warns: It's untouchable

Sign 9
Where? Hotel swimming pool
Text: Guests only
Addition: And their invisible friends

Sign 10
Where? Hospital
Text: Silence
Addition: Our walls have perfect ears

Sign 11
Where? At the zoo
Text: Please don't feed the animals
Addition: Except when they ask for diet food

Sign 12
Where? At an ART museum
Text: Please don't touch (a painting, a sculpture, etc.)
Addition: Let ART touch you! (Deixe que a ARTE toque, sensibilize você…)

Sign 13
Where? At a movie-theater box office (bilheteria)
Text: Sold out (lotação esgotada)
Addition: But virtual seats are still available

Sign 14
Where? Pizza place
Text: We deliver anywhere
Addition: Even if you live underwater

Sign 15
Where? Elevator door
Text: Out of order (Quebrado)
Addition: Sorry. I hate this sign, too (Desculpem: também detesto este aviso)

Sign 16
Where? Church sign (outdoors)
Text: Pray for all sinners
Addition: Even if you think you're an exception

Sign 17
Where? Store front door
Text: Job openings available
Addition: Even for those who like to take it easy (Mesmo para quem gosta de ficar numa boa)

Sign 18
Where? Video game screen
Text: Game over
Addition: Except if you're playing a word game

Sign 19
Where? A beauty shop
Text: Beauty lives here
Addition: So make yourself at home

Sign 20
Where? A language-teaching commercial
Text: Learn Englisn on-line
Addition: Is a REAL teacher included?

Essas amostras ilustram possibilidades diversas de brincar ludicamente com **the world of signs**. A propósito desse assunto, faça uma pesquisa na Web: você irá descobrir muita coisa interesante sobre essa dimensão da **visual culture**, não só de **English-speaking countries**, mas de outros países também. **Have fun!**

Agora, **the serious side of the coin**: como criar avisos que poderiam contribuir para a humanização planetária (**for planetary humanization**, se quiser dizer isso em Inglês)?

Desafie os alunos a imaginar tipos de textos para anúncios que poderiam fazer as pessoas pensar e agir **for the good of humankind**.

Textos do tipo **No**_____, comuns em **prohibitions** (**No smoking**; **No parking**, para lembrar dois deles), podem ser criados e discutidos pelos alunos, quanto aos valores ali expressos. Exemplos:

- **No humiliation**
- **No discrimination**
- **No violent communication**
- **No violation of human rights, justice and peace**

Esses **humanizing signs** poderiam ser redigidos sob forma positiva também, assim:

- **Human understanding at all times**
- **Be a peace patriot** (Ou: **Let's be peace patriots**)
- **Communicate for the good of humankind** (Comunicar para o bem da humanidade)
- **Praise instead of blame** (Louve, em lugar de culpar alguém)

Got the idea? Essa criatividade comunicativa construtiva deveria ocupar um especialíssimo **place in your classroom sun**, por isso, faço um apelo **(plea): Contribute to the creative, construcive use of English** (and of your own first language, if that's the case, as well as of other languages you use).

Esse segundo tipo de desafio pode ser atribuído como um projeto de **creative sharing** para **small groups** ou para **the classroom community**, comunidade a que, privilegiada e prazerosamente, você pertence, colega. **Teaching is an exciting, gratifying, challenging, creative profession, right?**

See you... in a couple of minutes or... a couple of pages later!

CriAtividade 19

Pesquisando usos criativos do Inglês de seus alunos

My students' creative uses of English? Eis uma pergunta-chave para você, colega, como professor(a)-pesquisador(a). Sim, **researcher**, pois, na sala de aula, quem ensina faz **classroom research**, principalmente do tipo **observational**, que enfoca situações de ensino-aprendizagem. Pesquisar, todos nós professores o fazemos, mas pesquisar bem é outra história: pressupõe preparar-se, através de cursos de especialização em Ensino de Inglês, Lingüística Aplicada ao Ensino de Inglês (cresce o número dessas importantes realizações em nosso **higher education system**), eventos nacionais, regionais e internacionais.

Destaque-se o estratégico papel in**formativo** dos eventos promovidos por organizações como a **TESOL** (há uma Braz-TESOL, http://www.braz-tesol.org.br, e representações em alguns Estados), a **IATEFL** (International Association of Teachers of English, representada no Brasil pela Braz-TESOL), a **ABRAPUI** – Associação Brasileira de Professores Universitários de Inglês, http://www.ibilce.unesp.br/abrapui e associações estaduais de professores de Inglês.

Assim, nossa **profession** está muito bem servida no Brasil e você pode profissionalizar-se **more and more**. Se quiser ir além, como pesquisador(a), há muito bons programas de mestrado e de doutorado em nossas **universities**. Por isso, faço questão de enfatizar que temos uma expressiva **Brazilian Tradition in English Language Teaching**, reconhecida internacionalmente.

Mas, voltemos ao assunto desta penúltima Cri**atividade**. Pesquisar usos criativos de Inglês, por nossos alunos? **Why**? **What for**? **How**? **Where**? **When**? Em resposta, formulo outro princípio-chave que alicerça meu sistema de crenças e convicções e co-participação neste **challenging field of Teaching English to Users of Other Languages**:

Criar lingüisticamente é **criativar-se** como usuário dessa língua, aprender a aprender (como sabiamente aconselha a Psicologia), atuar como **creative learner**, que observa os modos criativos de aprender de outras pessoas e com elas partilha seus **creative ways of using English**. Neste ponto, chamo atenção para a magistral, inspiradoríssima Epígrafe do amigo David Crystal, **kindly** redigida para este livro. Ali, o cristalino e criativo lingüista, enciclopedista, dicionarista, biógrafo, **humanizador** se refere a três benefícios da implementação de uma **creative perspective**: maximizar a percepção ou a sensibilidade lingüística (em face dos usos lingüísticos criativos de outras pessoas, por exemplo), otimizar a auto-confiança, como usuário(a) criativo(a) e usufruir da condição de possuidor(a) de outro bem comunicativo: a língua inglesa.

Ao falar de **bem comunicativo**, vem logo à mente uma frase lapidar do lingüista americano Charles F. Hockett, em seu *Course in modern Linguistics* (Prentice Hall, 1958): "**Language, the most valuable single possession of the human race**". A essa perspicaz interpretação do venerável professor de Cornell University, acrescentaria: o bem mais valioso **for the communicative good of humankind**, pois, como venho sustentando em minhas publicações, **usar um idioma bem é empregá-lo para o bem da humanidade**.

Back to the questions: Why? What for? How? Where? When? pesquisar maneiras criativas de seus alunos usarem o Inglês. Uma estratégia que uso e recomendo: **checklisting**, ou seja, prepare uma lista exemplificativa, para verificação da ocorrência ou não de um determinado tipo de uso criativo do idioma.

Sabia que o termo **checklist** é um **Americanism**, cunhado em 1850? Técnica utilíssima, bastante empregada por pessoas criativas, principalmente por quem precisa fazer avaliação de desempenho, produtos, serviços, etc. Meu interesse nessa fascinante dimensão avaliativa levou à construção de **interdisciplinary checklists** para avaliar livros didáticos, tanto de Português (língua materna) quanto de Inglês. Mas, que tal um exemplo de **checklist for observation of students' creative uses of English**?

Sim, desta vez tudo em Inglês, já que estamos no décimo-novo convívio. Ao checar (verbo já incorporado ao Português, apesar do preconceito lingüístico de algumas pessoas quanto a esse **borrowing from English**) a incidência de cada item enumerado abaixo, anteponha este comentário:

My student is using English creatively if/when (s)he…

1. integrates two versions of a dialogue into a third conversational equivalent, by choosing items from the two versions and by inserting, adding new lexicogrammatical elements.
2. changes the title of an article/a chapter/a book into two initial paragraphs clearly, coherently, and cohesively.
3. answers an X or Y question, in an intriguing, surprising, unexpected, humorous way.
4. changes a specialized journal Abstract into a two or three-paragraph text.
5. changes a prose text into a poem or vice-versa, then into a dialogue, a minifilmscript or theater skit.
6. combines or juxtaposes apparently incompatible words or words which do not seem to have been put together. Such combinatorial creativity is fun.
7. produces ambiguous newspaper headlines (two or more interpretations).
8. paraphrases famous quotations (literary or non-literary).
9. creates names for new, imaginary household products and appliances.
10. creates humorous effects, through new advertising slogans.
11. creates humorous sayings and mottos for tourists' t-shirts.
12. changes a scientific text into a type of diagram (for instance: a spidergram).
13. parodies the lyrics of a song, a current hit, with a focus on a current issue in the local, national or international community.
14. creates English subtitles for a movie showing Portuguese subtitles only (with original sound track in English turned off. DVDs are especially useful for this type of challenging, creative task).
15. explores synonymy and quasi-synonymy in English, going beyond the conventions, or, to quote David Crystal's Epigraph, to convey fresh effects.
16. engages in punning, playing with different senses or sounds of the same word.

17. makes memorizable, memorable messages through alliterations (Thril technique, as I call it : threefold repetition of a word-initial in a message). An example? Communicate for constructive change.
18. creates funny, provocative additions to different kinds of signs (road signs, tourism signs, etc.).
19. plays with suffixes. For an example of the creative use of the verb suffixes -ate and -ize, see below, after this checklist.
20. parodies organizational vision/mission statements.
21. creates names for new types of comicbook superheroes and for cartoon characters.
22. translates portions of a recorded text (political speech, sermon) into very informal spoken/written English.
23. mixes Portuguese (or another native language) and English, with humorous effects.
24. paraphrases a paragraph or a longer text, by changing explicit information into implicit information.
25. creates new ways of forming words, going beyond word-formation rules in English.
26. creates abbreviations for use on the Internet. Examples: 4ever (forever), cya (see ya), tia (thanks in advance), gbu (god bless you).

Well, the checklist could go on and on, but that's for you and your colleagues – teaching is a wonderful, shared crea(c)tivity – to expand, probe, and apply as effectively as you can. Now, here are two examples of playing with the suffixes -ate and -ize. I created the first one – a poetic statement, as the U.S. peace psychologist Milton Schwebel generously described it – for dissemination on the website www. humiliationstudies.org. The goal of the little poem is to combat humiliation with the use of the -ate suffix. Here it is:

When others we humiliate
Persons we depreciate
And ourselves deteriorate
Human rights we violate
Dehumanization we proclamate

Life we must consacr*ate*
Mutual respect perpetu*ate*
Let's the good activ*ate*
And truly commiser*ate*
With those whom we deprec*ate*
So the verb humili*ate*
Humankind can elimin*ate*

You can engage in poetic creations, too. A U.S. Tesoler, Jodi Crandall (personal communication, December 23, 2002), told me "In my work in teaching writing to second language learners, I talk about the value of learner poetry in this regard. They can produce incredibly creative poetry, since the common restrictions on grammar, word choice, etc. do apply to poetic forms".

This reminds me of what David Crystal cogently put in this book's Epigraph, so do reread his beautiful statement, will you?

Now, here is another example of playing with suffixes, this time, with the verb suffix *-ize*:

Title: Human*ize* your English – a plea (um apelo)
Ideas to conceptual*ize*
Differences to recogn*ize*
Decisions to harmon*ize*
Meanings to optim*ize*
Vocabulary to positiv*ize*?
Our English let's human*ize*!

How about you and your students – as *co-learners* – sharing the creation of a suffix-based message? Want one more example? See my use of *-ange*:

To create is to ch*ange*
And to extend the r*ange*
It's sentences to exch*ange*
And words to rearr*ange*
To make reality seem str*ange*

Fun, isn't it? Yes, using English can be creatively fun, so how about starting a Bank of Students' Creative Uses of English in your school? That kind of creativity-based research is needed, everywhere. In a personal communication my British colleague Ronald Carter tells me his next project will be on the linguistic creativity of non-native users of English. You can contribute to such type of research in your important, local educational context, so… carry on!

Hope my checklist has proven provocatively inspiring to you and that you think of yourself as a seriously commited educator-researcher. Teaching is a rewarding performing art and researching is the other side of that coin, so invest creatively on your dual professional competence.

If you want to become a Creativity researcher, be sure to read the *Encyclopedia of Creativity* edited by Runco and Pritzker (1999). A must-read and, if possible, a must have!

I can almost hear your mind say: Creatively agreed!

CRiAtiVidAde 20

Aplicando Direitos Humanos em sala de aula

Yes, Human Rights applied to English Language Learning in YOUR classroom.

Por quê? Como? Até que ponto isso é desejável, possível, realizável? Essas perguntas podem estar provocando **your creative mind**, por isso, faço uma síntese, ligeiramente ampliada, de minhas idéias sobre **Second Language Learners' Rights**, contidas num capítulo que escrevi para o volume *Portraits of the L2 user*, organizado pelo colega britânico **Vivian Cook** (Multilingual Matters, 2002).

Em 1984, por meio do boletim *FIPLV World News*, da World Federation of Modern Language Teachers (www.fipl.org), fiz um apelo em favor de uma **Universal Declaration of Linguistic Rights**. A idéia frutificou em 1987, quando, em Recife, por iniciativa conjunta da Unesco, AIMAV e UFPE, realizou-se um Seminário Internacional de Direitos Humanos e Direitos Culturais. Desse evento resultou o texto *Recife Declaration*, que, por sua vez, contribuiu para fortalecer o então ainda incipiente movimento em prol dos Direitos Lingüísticos.

Em 6 de junho de 1996, proclamou-se em Barcelona a **Universal Declaration of Linguistic Rights** (visite o site www.linguistic-declaration.org: ali encontrará o texto integral desse importante documento). Assim, desde 1984 venho me ocupando da desafiadora problemática de como formular Direitos Lingüísticos e de como imaginar sua aplicação em contextos educacionais específicos, no caso, em situações de ensino-aprendizagem de línguas. Como usei o termo **learners' rights** acima, explico o que entendo por isso (cito do referido capítulo, p. 307):

A learner's right involves:

1 A new experiencing of a cognitive, cultural, educational or linguistic nature.
2 a new benefit (especially a tangible one, such as access to dictionaries and other reference works, VCRs, computers, etc.).

3. a humanizing quality (the outcome of a cooperatively-negotiated classroom policy of mutual rights and responsibilities).

Mais adiante, nesse capítulo tipo overview, apresento uma classificação de Learners' Rights, com base nas categorias **pronunciation, grammar, and vocabulary**. Cada subtipo de direitos de aprendizes corresponde a um **checklist**.

Assim, com referência a seus **Learners' Pronunciation Rights**, você verificaria o que estaria sendo assegurado aos alunos, por exemplo: **The right to be corrected in a tactful, positive manner**.

Quanto aos **Grammatical Rights**, teriam seus alunos **the right to ask for and receive clear, grammatical explanations on forms, meanings, and uses of the language**?

Na categoria **Vocabulary (Semantic) Rights**, você perguntaria se seus alunos têm **the right to learn to use lexical items humanisingly... to be sensitized to the constructive, human-dignifying uses of words**.

Sugiro que, você e colegas professores de Inglês, de sua escola, partilhem um desafio especial: imaginar que direitos de pronúncia, gramática e vocabulário poderiam ser assegurados **criativamente** – a seus alunos, quando, onde, como, etc. Essa formulação poderia ser elaborada através de **checklists**.

Mas, e a dimensão **Learners' Linguistic Creativity**? No referido volume não foi tratada. Parecia estar à espera de um livro como este, em que fazemos um chat virtual. A estratégia mais adequada para dar uma idéia de como formular uma breve **Classroom Charter of Students' Rights as Creative Users of English** é a **checklist**, por isso, vou iniciá-la convidando – **challenging** – você a complementá-la, aperfeiçoá-la, aprofundá-la....

A exemplo da **checklist** em CriATIVIDADE 19, ao fazer a verificação, anteponha esta pergunta: **Asseguro /Posso assegurar a meus alunos o direito deles de...**

Formulo a lista em Português, para que você e seus colegas a traduzam para o Inglês; afinal, cultivar uma competência tradutória razoável certamente seria um acréscimo adicional à sua já rica vida profissional, **right**?

Eis a **checklist**:

Meus alunos têm o direito de...
1. ser respeitados como usuários criativos de língua inglesa. Como? Até que ponto?
2. criar palavras, locuções (**phrases**), frases, textos maiores, sem intervenção corretiva de minha parte. (Lembraria o que Paulo Freire nos ensinou: preguemos e pratiquemos uma **Pedagogia da Autonomia...**)?
3. misturar as duas línguas (a materna e o Inglês), quando tiverem vontade de fazê-lo, ou por não sentirem suficientemente fluentes em Inglês?
4. usar dicionários bilíngües, ao realizar tarefas de compreensão e produção em sala de aula, mesmo durante exames, testes? (Neste caso, trata-se dos **learners' rights as examinees**, **testees** – direitos de alunos como examinandos, questão ainda pouco discutida nos Programas de Formação de Professores...)
5. receber orientação sobre como otimizar sua capacidade de usuários criativos em Inglês?
6. aprender a integrar criatividade lingüística a outros processos criativos na sala de aula na Escola (exemplo: uma **Creativity Week**, como a que realiza a Associação Brasil América, em Recife (www.abaweb.org)?
7. discutir, com você e **classmates**, os benefícios do aprender uma língua o mais criativamente posssível?
8. aprender a tornar-se aprendizes mais confiantes, mais ousados, mais descobridores das possibilidades de comunicação criativa?
9. conhecer um pouco do que se faz na área da Criatividade no país, para que percebam a importante contribuição de talentos locais?
10. serem avaliados também quanto à sua criatividade lingüística e não apenas quanto a critérios tradicionais?

Como trabalhar essa **checklist**? De maneira humanizadora, participativa (peça a opinião de colegas, troque idéias na Internet), para que você chegue a um instrumento que reflita seu contexto educacional. Um lembrete final:

Tratei apenas de **rights**, mas há outro lado da moeda, igualmente importante: **responsibilities** – por isso, ao pôr em prática uma filosofia pedagógica centrada nos direitos de aprendizes, acrescente a dimensão dos deveres, ou, em Inglês visualmente conciso: **rights-duties**. A rigor, cidadãos têm **direitos-deveres**, cabendo a educadores considerar essa interdependência, **at all times! It goes without saying** que direitos-deveres são também os seus; logo, formule seus **rights and responsibilities as a creative teacher of English**.

I could go on, but... well, it's time to say good-bye, so let me use one of the recommended creative strategies in CriATIVIDADE 19: paraphrase a message we sometimes see in TV serials:

TO BE CONTINUED CREATIVELY... BY YOU AND YOUR STUDENTS!

Thank you for having interacted with me along this journey!

Referências Bibliográficas

Biber, Douglas et alii. *Longman Grammar of Spoken and Written English*. Harlow, Essex: Longman, 1999.
Borba, Francisco S. *Dicionário de Usos do Português do Brasil*. São Paulo: Ática, 2002.
Brasil, Ministério da Educação e do Desporto do. *Parâmetros Curriculares Nacionais. Língua Estrangeira*. Brasília: MEC, 1998.
Carter, Ronald. *Language and Creativity. The Art of Common Talk*. London: Routledge, 2004.
Carvalho, Nelly. *Publicidade. A Linguagem da Sedução*. São Paulo: Ática, 2003.
Centro de Lingüística Aplicada Yázigi. *Let's Have Fun. English for Brazilian High School Students*. São Paulo: Difusão Nacional do Livro, 1971.
Cook, Guy. *Language Play, Language Learning*. Oxford University Press, 2000.
Cook, Vivian (ed.). *Portraits of the L2 User*. Clevedon, U.K.: Multilingual Matters, 2002.
Crystal, David. *The Cambridge Encyclopedia of the English Language*. Cambridge University Press, 1995.
_____. *Language Play*. London: Penguin Books, 1998.
_____. and Crystal, Hilary. *Words on Words. Quotations about Language and Languages*. London: Penguin Books, 2000.
Gomes de Matos, Francisco. *Humor: A Neglected Feature in Language Teaching. Creativity: New Ideas in Language Teaching*. São Paulo: Centro de Lingüística Aplicada, Mar. 1974.
_____. *Comunicar para o Bem. Rumo à Paz Comunicativa*. São Paulo: Editora Ave Maria, 2002.
_____. *Second Language Learners' Rights*. In: Vivian Cook (ed.) *Portraits of the L2 User*. Clevedon,U.K.: Multilingual Matters, 2002.
_____. *Teaching Vocabulary for Peace Education*. ESL Magazine,

Jul./Ago., 2002.

_____. *Learners' Creative Uses of English: A Checklist*. São Paulo: Braz-TESOL Newsletter, Dez., 2003.

Hale, Constance. *Syn and Syntax. How to Craft Wickedly Effective Prose*. New York: Broadway Books, 2001.

Hockett, C. F. *A Course in Modern Linguistics*. New York: MacMillan, 1958.

Kramsch, Claire *Intercultural Communication*. In: Ronald Carter and David Nunan (ed.). *The Cambridge Guide to Teaching English to Speakers of Other Languages*. Cambridge University Press, 2001.

Maltin, Leonard. *2002 Movie and Video Guide*. New York: Penguin Putnam, 2002.

Osborn, Alex. *Applied Imagination*. New York: Scribner's, 1953.

Perini, Mario. *Modern Portuguese. A Reference Grammar*. Yale University Press, 2002.

Quirk, Randolph et alii. *A Comprehensive Grammar of the English Language*. Harlow, Essex: Longman, 1985.

Random House *Webster's Dictionary 3rd edition*. New York: Random House, 1998.

Reah, Danuta. *The Language of Newspapers*. London: Routledge, 1998.

Ross, Alison. *The Language of Humour*. London: Routledge, 1998.

Runco, A. Mark & Pritzker, R. (eds.). *Encyclopedia of Creativity*. San Diego: Academic Press, 1999, 2v.

Steinberg, Martha. *Inglês Americano X Inglês Britânico*. São Paulo: Disal Editora, 2003.

The American Heritage Dictionary 3rd edition. New York: Dell Publishing, 2001.

The Cambridge Learner's Dictionary. Cambridge University Press, 2001.

◆

Este livro foi composto nas fontes Whitman e Bliss
e impresso em novembro de 2004 pela Prol Editora Gráfica Ltda.,
sobre papel Offset 90g/m².